ぶらりあるき

沖縄・奄美の博物館

Okinawa Amami Museum

中村 浩
Hiroshi Nakamura
池田榮史
Yoshifumi Ikeda

芙蓉書房出版

沖縄県立博物館・美術館
（那覇市）

琉球大学資料館・風樹館
（西原町）

浦添市美術館（浦添市）

おきなわワールド
琉球王国城下町（南城市）

宮古島市地下ダム資料館
（宮古島）

石垣島鍾乳洞（石垣島）

識名園（那覇市）

宮良殿内（石垣島）

天后宮（久米島）

うえのドイツ文化村
博愛記念館（宮古島）

勝連グスク（うるま市）

首里城公園（那覇市）

ゆいレール展示館
（那覇市）

竹富民芸館（竹富島）

奄美パーク（奄美大島）

久米仙酒造工場
（久米島）

名護博物館
（名護市）

天城町ユイの館
（徳之島）

アヤミハビル館
（与那国島）

おきなわワールド
中国・琉球進貢船（南城市）

宮古島市総合博物館（宮古島）

石垣市立八重山
博物館（石垣島）

沖縄平和祈念堂
（糸満市）

平和の礎
（糸満市）

沖縄陸軍病院
南風原壕群二〇号壕
（南風原町）

まえがき

ぶらりあるき博物館シリーズは、これまで主にヨーロッパやアジア地域など海外の都市を対象としてきました。これに対して、今回、初めて日本国内の奄美、沖縄地域の博物館を取り扱うことにしました。そして、本書の執筆には、これまでのシリーズをまとめてきた中村に、沖縄在住の池田が加わることにしました。

さて、奄美、沖縄地域は、日本列島の九州島から中華民国台湾島までの間、約一二〇〇㎞の海洋中に分布する琉球列島の中で、北端に位置する大隅諸島（種子島・屋久島を中心とする）と吐噶喇《トカラ》列島を除いた島々を指します。北から奄美群島、沖縄諸島、宮古諸島、八重山諸島に区分され、日本本土とは異なる亜熱帯の環境の中で育まれた自然と歴史、文化に彩られています。

奄美、沖縄地域には、独自の歴史や文化に立脚した博物館や歴史民俗資料館をはじめ、この地域の自然や動植物を取り扱う水族館や植物園も多く存在します。また、奄美、沖縄地域では観光を地域振興施策の柱に据えていることもあって、観光客を念頭に置いた施設が多く見られます。

本書では奄美、沖縄地域の博物館や史跡を島ごとに紹介することにしました。

なお、奄美群島は現在、行政区分の上では鹿児島県に属しています。しかし、奄美地域と沖縄地域は亜熱帯という共通の環境にある上に、歴史的にも深い関係を取り結んできました。それゆえ本書では奄美、沖縄をまとめて取り扱っています。

本書によって、奄美、沖縄地域の自然や歴史、文化についての関心が高まることを期待します。

中村　浩
池田榮史

ぶらりあるき沖縄・奄美の博物館●目次

沖縄本島南部の博物館 43

沖縄本島中部の博物館 65

沖縄本島北部の博物館 …… 85

久米島の博物館 …… 109

宮古島の博物館 129

石垣島の博物館 149

竹富島・西表島の博物館

与那国島の博物館

奄美群島 の博物館　187

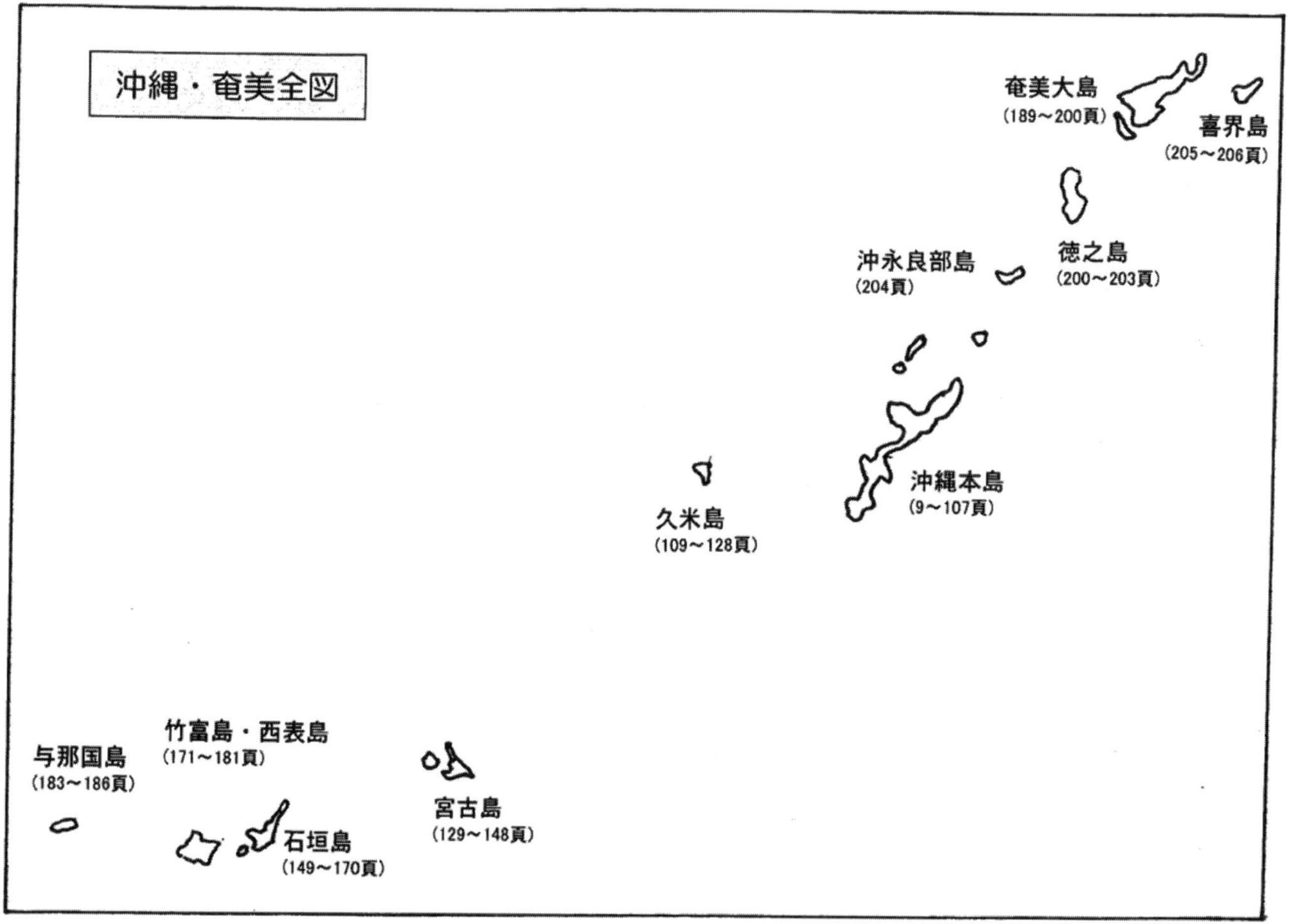

沖縄・奄美全図
奄美大島
(189〜200頁)
喜界島
(205〜206頁)
徳之島
(200〜203頁)
沖永良部島
(204頁)
沖縄本島
(9〜107頁)
久米島
(109〜128頁)
宮古島
(129〜148頁)
石垣島
(149〜170頁)
竹富島・西表島
(171〜181頁)
与那国島
(183〜186頁)

那覇市の博物館

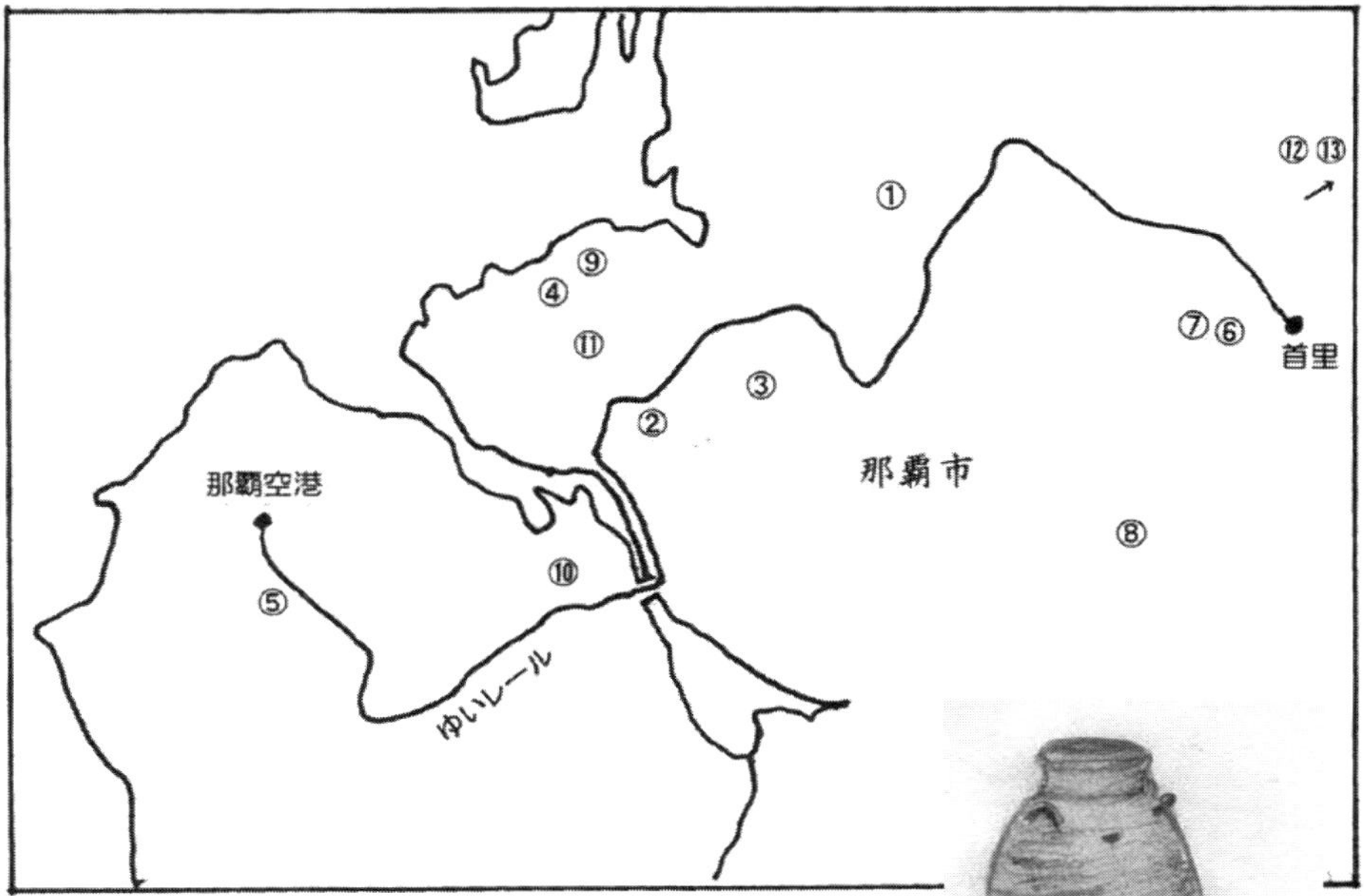

壺屋焼

①沖縄県立博物館・沖縄県立美術館　②那覇市歴史博物館
③那覇市立壺屋焼物博物館　④対馬丸記念館
⑤ゆいレール展示館　⑥首里城公園　⑦玉陵　⑧識名園
⑨不屈館　⑩沖縄セルラー・スタジアム那覇 野球資料館
⑪福州園　⑫琉球大学資料館・風樹館
⑬沖縄県立埋蔵文化財センター

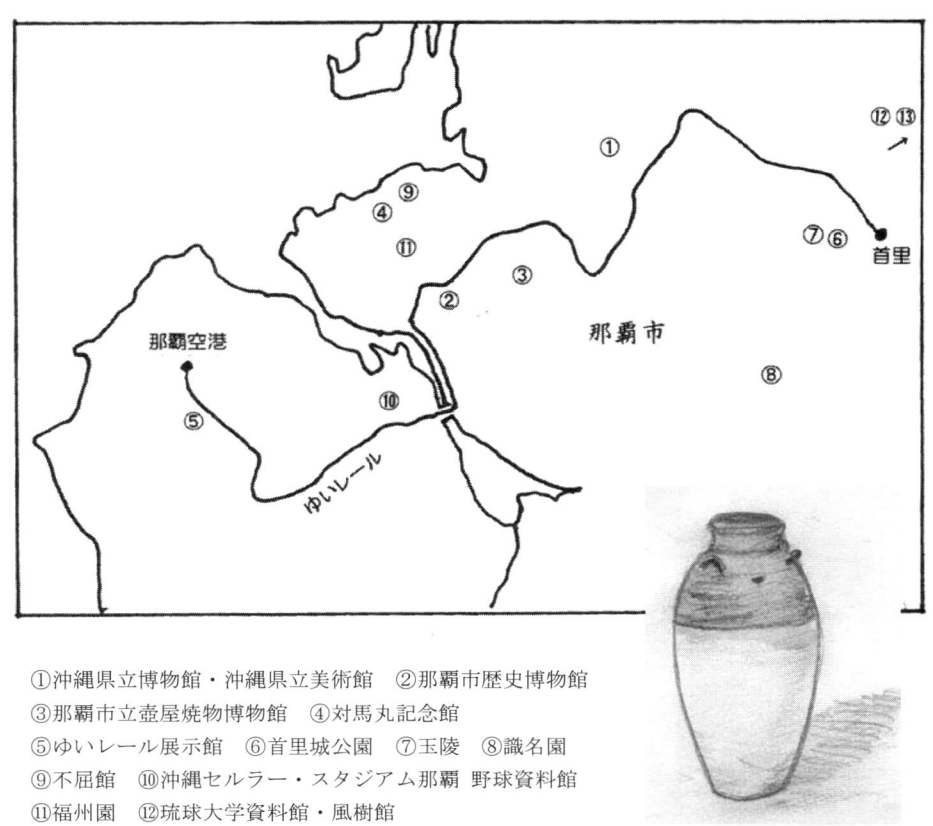

沖縄県は一六〇あまりの島で構成されていますが、その最大の島である沖縄本島には県内人口一四〇万人の約八割が住んでいます。言うまでもなく、那覇市は沖縄県の政治・経済・文化の中心ですが、全都道府県庁所在都市のなかで最も面積が狭いことは意外と知られていないかもしれません。

近年、観光客の人気を集めている沖縄の玄関口、那覇と西原町の博物館をご紹介します。

沖縄県立博物館✽　✽沖縄セルラー・スタジアム那覇　野球資料館

沖縄県立美術館✽　✽福州園

那覇市歴史博物館✽　✽琉球大学資料館（風樹館）

那覇市立壺屋焼物博物館✽　✽沖縄県立埋蔵文化財センター

対馬丸記念館✽

ゆいレール展示館✽

首里城公園✽

玉陵✽

識名園✽

不屈館✽

＊沖縄県立博物館・美術館

▽沖縄県那覇市おもろまち三―一―一

沖縄県立博物館・美術館は二〇〇七（平成一九）年に開館しました。博物館が建てられた那覇市天久・銘苅地区は、戦後、米軍の住宅地域として接収されていましたが、一九八七（昭和五二）年に全面返還され、那覇新都心として再開発計画が策定されました。その過程で、当時、首里城近くにあった沖縄県立博物館の移設用地が確保され、新たに美術館を併設して開館することとなったものです。

県立博物館・美術館の建物はグスクの石積みをイメージしています。新都心計画道路に面した建物は、敷地面積約三万二〇〇〇㎡のほぼ中央に約一万三五〇〇㎡、地上四階（地下一階）建ての規模を有し、その姿はまさにグスクの外観を彷彿とさせます。長方形の建物の中央に南北方向の通路があり、南側が表出入口、北側が裏出入口となっています。表出入口から建物の中に入った左手には中庭があり、高倉と古民家、沖縄県庁舎建て替え工事の際に発見された瓦窯の移築保存施設が配されています。

博物館のエントランスホールへ入り、右手の入館券売場と券売機、左手の受付カウンターを過ぎると、エントランスホールは一気に広くなり、天井まで吹き抜けとなっています。天井を支える柱にはパラソルを広げたようなオブジェがあり、天井から天然の光がふり注ぐ空間は建物の中に入ったことを忘れそうです。ここから右手（東側）が美術館、左手奥が博物館、正面（北側）がミュージアムショップです。また、受付カウンターの奥には博物館・美術館共通

沖縄県立博物館・美術館

の情報センターとふれあい体験室が並んで設けられています。
博物館と美術館はそれぞれの収蔵資料や展示の方法が異なります。このこともあり、同じ敷地の中に両者を設置する場合であっても、建物を含めて別のコンセプトのもとに建築することが一般的ではないかと思います。その点で、沖縄県立博物館・美術館は同じ建物の中で、エントランスホールを共有する状態で共存しています。便利ではありますが、それぞれの施設の機能や観覧者の違いを考えれば、評価が難しいところです。

《博物館エリア》

エントランスホールから西側が博物館エリアです。博物館エリアは一階に常設展示室、二階に企画展示

博物館・美術館の入口

エントランスホールから博物館側を見る

エントランスホールから見た美術館入口

室があります。一階の常設展示室は約二六〇〇㎡もあり、すべての展示を見るには時間の余裕をもって出かけた方が良さそうです。受付を通り過ぎると、透明ガラス敷きの床面の下に珊瑚礁の海の様子が作り込まれています。沖合から沖縄の島へと上陸する感じです。その先には大きなスクリーンがあり、琉球列島の成り立ちと生物の進化に関する映像が流れます。映像が終わると、スクリーンの前に港川人やリュウキュウムカシキョンが置かれていることにあらためて気付かされる仕掛けになっています。

そこから右に入ると中央に琉球列島を中心とする東アジアの地形ジオラマがあります。白い地形ジオラマですが、ジオラマの周辺に情報端末が設置されており、画面で沖縄の自然、歴史、文化に関する項目を選択すると、ジオラマ上にさまざまな映像が映し出されます。これらの映像には人工衛星から撮影した画像を用いており、例年、琉球列島に襲来する台風や海流の動き、中国や日本と琉球列島を結ぶ航海航路などの情報が立体的に映し出されます。地形ジオラマ周辺の床面にはジオラマにできなかった琉球列島周辺の地図が描かれ、アジアにおける琉球列島の位置と周辺地域との距離を確認することができるようになっています。是非、地理的関係を確認しながら、関心のある映像を楽しんでください。

中庭の古民家

常設展示室は自由に移動できるように作られていますが、基本的には逆時計回りに観覧すると、沖縄の自然、歴史、文化が一通り理解できるようになっています。さらに、常設展示室は中央のジオラマに面したメインの展示から、その奥に設けられた専門的な部門展示室へと出入りできるように作られています。メインの展示を見て、興味を引く分野があれば、奥の専門展示室へ入ってみるのがよいでしょう。

メインの展示は沖縄の歴史に沿って進みます。日本本土と異なり、沖縄の歴史は大まかに先史、古琉球、近世琉球、近代沖縄、現代沖縄に区分されます。先史は日本の旧石器時代から平安時代に並行し、狩猟・漁労・採集に依存していました。また、この時期の沖縄諸島と宮古・八重山諸島との間には交流がなく、まったく異なった先史文化を形成していました。宮古・八重山諸島の先史文化には台湾を含む東南アジア島嶼地域からの影響が考えられています。琉球列島の自然や日本人の祖先につながるヒトであった可能性が指摘される港川人について、また先史時代の考古学的な資料は専門展示室に示されています。

古琉球は琉球列島に農耕が定着し、琉球国が成立する段階です。各地にグスクが作られ、奄美諸島から宮古・八重山諸島までを包括した琉球文化圏が形成されます。琉球国が中国明・清王朝との朝貢関係に基づいた貿易国家として、アジア地域を結び輝いていた時期です。現在の琉球・沖縄文化の基礎はこの時期に形成されており、沖縄の人々のアイデンティティーのよりどころともなっています。このこともあり、常設展示室の中には古琉球段階の資料が多く展示されています。その中でこの時期の琉球をもっとも象徴するのは「万国津梁の鐘」と呼ばれる旧首里グスク内に掲げられていた銅鐘です。常設展示室のやや奥まった展示台の上に置かれており、アジア地域を交易圏として活動した琉球国の気概を込めた銘文が刻まれています。

近世琉球は江戸幕府の承認を受けた島津氏による琉球侵攻があり、琉球国は中国と日本に両属することとなります。琉球国の政治組織や経済システムをはじめとして、農業技術や工芸技術など、さまざまな分野に江戸時代日本の影響が及び、現在につながる琉球文化および社会の特徴が確立する段階です。奥の専門展示室には古文書や工芸製品、書画作品などの関係資料が展示されています。

近代沖縄は明治維新後の日本政府によって琉球国が廃され、沖縄県が設置された明治十二年からアジア太平洋戦争末期の沖縄戦によって、米軍による沖縄統治が始まるまでの時期を示します。この時期は日中両国の間で揺れ動く琉球国の人々が、沖縄県としての社会形成に向かいながらも、沖縄戦によって否応なく米軍支配下に入る過程でもあります。琉球から沖縄へ、さらに米軍支配下へ、沖縄では「世（ゆ）がわり」の時代と捉えられており、展示にも社会の激変とともにさまざまな価値観が変わって行った様子が反映されています。

　現代沖縄は米軍支配下の一九四五～七二年と日本復帰から現在までの段階です。沖縄戦終了後の沖縄は日本統治から切り離され、米軍の支配下に置かれました。この間にはさまざまな問題が起こるとともに、沖縄の人々がかかわった戦後復興の熱気や活気が溢れた時期でもありました。米国文化の刺激を受けつつ、根底に横たわる琉球・沖縄の社会的文化的特徴と、近代沖縄で導入された日本の社会的文化的影響が融合して、現在の沖縄社会、文化が形成されていく様子が展示に示されています。

　なお、近代沖縄から現代沖縄のメイン展示の奥にある専門展示室には沖縄の島々に残る祭祀の様子や農・漁業、手工業に関する民俗資料が展示されています。

　常設展示室を出て、二階の特別展示室に上がると、約二〇ｍ×一五ｍほどの広さを持つ特別展示室があります。一つの企画で全体を用いることはなかなか難しいこともあり、特別展示室は移動式の壁によって小分けすることができるように設計されてお

エントランスホールのオブジェ

り、出入り口も三か所設けられています。年間を通して、企画展や特別展が開催されていますが、博物館の運営が指定管理者に委ねられていることもあり、学芸員による研究や館蔵資料に基づいた展示は少ないようです。県立博物館としての立ち位置や力量が試されている状況かもしれません。

《美術館エリア》

エントランスホールの東側に進むと美術館エリアに入ります。入口壁面の一部が朱色に塗られ、美術館（Art Museum）と書かれています。入って左手に美術館の受付カウンターがあり、カウンターの横に企画ギャラリーの入口があります。

美術館のコレクションを展示する常設展示は受付カウンターを過ぎて、右に設けられた階段もしくは正面の壁面裏に設置されたエレベータを上った二階と三階の三つのギャラリーで行われています。階段やエレベーターを利用して展示室へ向かうことで、空間が変わる効果を考えての配置のようです。これは、二階のギャラリー１と三階のギャラリー２と３では通常は異なった展示を行っていることでもうかがわれます。また、ギャラリー２には天井からの自然光を取り入れているのに対して、ギャラリー１と３は外光を遮断した空間となっています。

二階のギャラリー１と三階のギャラリー２は階の上下に当たり、幅八ｍほどのＬ字型空間に造られています。また三階のギャラリー２とギャラリー３は同じフロアーにあり、連結して使用することができます。ギャラリー３は長方形で奥行八ｍ、幅一五ｍほどに造られています。

沖縄県立美術館は博物館と同じ敷地内に設置されていることから、収蔵資料についても博物館との棲み分けが図られています。美術館では基本的に一九四五年以降の美術、工芸作品を収集し、これより以前の資料については博物館資料として取り扱っているようです。このため、美術館の収蔵資料は一九四五年以降の染織や陶芸などの工芸作品や絵画、彫刻、書などの美術作品について、作家単位や戦後沖縄の芸術創作活動の潮流変化に合わせたコレクションに特化しているようです。このこともあり、三つの常設展ギャラリーは美術館コレクションの中から、企画に応じた展示資料を選び、展示の入れ替えを行っています。

それぞれのギャラリーは白色の壁面と板張りの床面を基本として、必要に応じて展示用のガラスケースや展示台を搬入する構造になっています。また、天井や壁面から懸架する展示手法も採用できるようになっています。

常設展示が二、三階に配置されるのに対して、企画ギャラリーや外部からの借用展示が行われる県民ギャラリーは一階に置かれています。企画ギャラリーは常設のギャラリー3の階下にあたり、年間にいくつかの特別展や企画展が開かれています。県民ギャラリーは美術館の入り口から右に進んだ奥にあり、そこまでの通路の脇には中庭が設けられています。明るい光が降り注ぐ中庭に面した県民ギャラリーは心落ち着く空間に置かれていますが、そこまでの通路がやや遠く狭いのが気にかかるところです。

全体的にみると、博物館に比べて、美術館の各ギャラリーは比較的ゆっくりと鑑賞することに適した構造になっています。時間的な余裕をもって沖縄の美術、工芸を鑑賞するつもりで訪ねるのが良いでしょう。

✽那覇市歴史博物館

▽沖縄県那覇市久茂地一―一―一　パレットくもじ四階

那覇市歴史博物館は、那覇市が寄贈を受けた琉球国の王家である尚家の資料を公開するために、二〇〇六年に開館しました。

博物館といえば、単独の施設として一定の敷地をもった建物を想い浮かべますが、那覇市歴史博物館は国際通りの西南側の始点に位置するビル「パレットくもじ」の四階にあります。このビルにはデパートリウボウも入っています。博物館へは沖縄県庁舎と県議会庁舎の正面に位置するエレベーターがもっとも便

那覇市歴史博物館入口

展示室

利です。

エレベーターを四階で降りると、目の前に博物館があります。向かって左手にチケットカウンターがあり、ここで入場券を購入して展示室に入ります。チケットカウンターの向かい側に特別展示室があり、国宝に指定された尚家の古文書や装束、調度品などが展示されています。

常設展示室は、琉球王国の社会構造や士族の生活などを古文書の内容をもとに解説するとともに、美術品や工芸品などを通して琉球の美意識などについての紹介を行っています。

デパートビルの中に設けられていることもあり、展示室のスペースが限られ、大量の資料を展示するのは難しそうです。一つ一つの資料をじっくり観覧するつもりで訪ねるのがよいかもしれません。

✽那覇市立壺屋《つぼや》焼物《やきもの》博物館

▽沖縄県那覇市壺屋一―九―三二

那覇市の観光スポットでもある国際通りから、地元の人々が生活用品を求めて訪れる公設市場へ向かう平和通りを入ると、三〇〇mほどでアーケードが途切れ、桜坂中央通りの車道にでます。車道を渡った先は一方通行のやちむん通りで、ここを一〇mほど入った左手に那覇市立壺屋焼物博物館があります。博物館の建物は敷地が細長い地形のため入口の間口が狭く、注意しないと通り過ぎてしまいます。

　館内に入ると、左手にチケットカウンター、右手に「ゆんたくコーナー」と名付けられた情報提供のための部屋があります。その先が有料ゾーンとなる常設展示室です。常設展示室は一階と二階に分かれており、一階では沖縄のやきものの歴史を紹介しています。

　この博物館の名称ともなった壺屋とは博物館周辺の地名です。この地域では一七世紀後半から陶器生産がはじまったことから、これを壺屋焼と呼ぶようになりました。現在では沖縄の焼物の代名詞になっています。

　一階展示室の奥には壺屋の民家が復元され、二階へ上がる階段横の壁面を利用して壺屋地域の暮らしを紹介する映像が写し出されています。二階では、壺屋焼の製作技術と道具、製品の種類とさまざまな意匠について紹介しています。

　二階の展示室を出ると、吹き抜け空間の向こう側に事務室があり、階段を上って三階の企画展示室に向かいます。企画展示室は

壺屋焼物博物館

ギャラリー仕様となっており、博物館の企画展示だけではなく、貸しギャラリーとして利用することもできます。反対側の出入口から外にでると、正面に、現在の県庁舎建設前に行われた発掘調査で確認された、壺屋開設以前に操業していた窯跡の切り取り展示室があります。

壺屋焼物博物館は細長い敷地に建てなければならなかったことから、展示室を一階から三階までに分けて配置していますが、展示構成はこの敷地の条件をうまく利用しながら展開しています。また、博物館の周辺は現在も陶器工房が多く営まれており、やちむん通りには壺屋焼を販売する店舗も軒を並べています。博物館はこのような壺屋地域のガイダンスセンター的な役割を果たしています。あるいは壺屋地域一帯が壺屋焼物博物館をコア施設としたエコ＝ミュージアムと考えたほうがよいかもしれません。博物館で壺屋地域に残る古窯跡や操業中の焼物工房に関する情報を集め、壺屋地域を散策することをお勧めします。

▽沖縄県那覇市若狭一―二五―三七

✻対馬丸記念館

一九四一（昭和一六）年一二月に始まった太平洋戦争は、一九四四年七月のアメリカ軍サイパン島占領によって日本の敗色が濃くなります。サイパンの次は沖縄とする日本軍第三二軍沖縄守備隊の判断により、政府は奄美諸島及び沖縄県の住民のうち老人、女性、子供の島外疎開を命令しました。

学童疎開船対馬丸（六七五四トン）は、一九四四年八月二一日夕刻、疎開児童、教員、一般疎開者、船員、砲兵隊員ら一七八八名を乗せて出航しました。和浦丸、暁空丸の二隻の疎開船、護衛艦宇治、蓮とともに五隻の船団で長崎を目指しました。しかし八月二二日、鹿児島県悪石島《あくせきじま》の北西一〇㎞付近を航行中、アメリカ海軍潜水艦ボーフィン号の魚雷攻撃によって沈められてしまいます。多くの乗船者は船倉に残され、海に逃げた人たちも折からの台風の余波の高波にのまれていきました。犠牲者数は氏名が判明してい

対馬丸記念館

るだけでも一四一八名に上ります。

一九九七年、悪石島沖の水深八七一mの海底で対馬丸の船体が確認されました。遺族は船体の引き揚げを希望しましたが、政府の検討委員会の結論は不可能ということでした。このため代替案として記念館を建設することになり、二〇〇一（平成一三）年、対馬丸記念館が全額国庫補助で、那覇市旭ヶ丘公園に建設されました。

館の運営は、対馬丸遭難者遺族会を引き継いだ財団法人対馬丸記念会が行っています。前途あるかけがえのない命を絶たれた無念の想いを館の展示テーマに込めて、「子どもと戦争」に焦点が当てられています。戦後七〇年近く経過し、遺族の多くが他界されていますが、対馬丸の教訓は今後とも平和教育の中で生かし続けていかねばなりません。

数回の訪問の都度、犠牲者の無念が胸を打ちます。現代社会に生きる私たちが、先人の犠牲の上に平和を享受していることを思うと、その霊に対し心からご冥福をお祈りするしかありません。

✻ゆいレール展示館（沖縄都市モノレール資料展示館）

▽沖縄県那覇市安次嶺三七七—二

大正時代、沖縄本島には軽便鉄道や路面電車が走っていました。昭和に入って道路が整備されバス輸送が発達してくると、鉄道の利用者は減少し、最後まで残っていた沖縄県営鉄道と沖縄軌道も太平洋戦争末期には運行を停止しました。さらに空襲や地上戦によって鉄道施設は破壊され、米国の統治下の戦後は道路整備が優先されて、鉄道が復旧することはありませんでした。

戦後の経済発展に伴い、人口や産業が集中し、道路の渋滞が慢性化していきます。そこで、新しい交通体系の整備という見地からの検討の結果、モノレールが設置されることになりました。一九八二（昭和五七）年に運営母体の第三セクターである沖縄都市モノレール株式会社が設立され、その実現に向かって本格的な動きが始まりました。そして二〇〇三（平成一五）年八月一〇日、那覇空港・首里間の一二・九kmが開業し今日に至っています。

ゆいレール展示館は正式には沖縄都市モノレール資料展示館といい、那覇空港に隣接するモノレール車庫のある本社敷地内にあります。一・二階フロアを使用して、沖縄都市モノレールの歴史、路線全駅の構造などについて、多くの資料を使ってわかりやすく展示されています。とくにモノレールのジオラマ模型は鉄道模型ファンならずとも喜ばれるものですが、訪問時にはあいにく機械の調子が悪く作動していませんでした。また、開業記念に市町村の首長から贈られた寄書きや、バリアフリー推進ネットワークのバリアフリー優秀施設・活動大賞、全日本鉄道建設技術協会の全建賞などの表彰状と記念メダルなども展示されています。

ゆいレール展示館

二階には、特急なは号のヘッド・マークやＪＲ九州からの進呈状・目録をはじめ九州を走った多くの特急の表示板などが集められているほか、旧国鉄時代のヘッド・マークや切符、ピンバッヂ、キーホルダー、ネクタイピンなどの記念品、ゆたかはじめ氏の鉄道コレクションが展示されています。ゆたかはじめ氏は本名石田穣一といい、東京高裁長官を務めた方で、定年後沖縄に移住されました。氏は子供のころからの

特急なは号のヘッド・マーク

ゆたかはじめ氏の鉄道コレクション

鉄道ファンで日本全国の鉄道に乗車したそうです。この展示館の開館を聞いて、長年蒐集してきたコレクションを寄贈されました。

このほか鉄道の模型も、Nゲージ、HOゲージ、機関車、列車などが多く集められています。鉄道ファンにとってはぜひとも見たい施設の一つでしょう。

★★ゆいレール★★

ゆいレールの各駅にはそれぞれ色調の異なる紅型の文様が設定されています。那覇空港・赤嶺・小禄は青色、奥武山公園・壺川・旭橋は緑色、県庁前・美栄橋・牧志は黄色、安里・おもろまち・古島は橙色、市立病院前・儀保・首里は赤色と、三駅ごとに変えられています。また各駅の案内チャイムの曲も各駅で異なり、安里駅では「安里屋ユンタ」、牧志駅では「いちゅび小節」が使用されています。

那覇空港・首里間の全長約一三kmをワンマン運転の二両編成の車両で運行しています。各駅間の距離は〇・五八～一・九五kmで、最も長いのは那覇空港・赤嶺間、最も短いのは旭橋・県庁前間です。現在、首里から先への延伸計画がまとめられ、工事も開始されています。また、列車一編成の丸ごと貸切も行っており、走らせながら車内でパーティを催すこともできます。

▽沖縄県那覇市首里金城町一―二

世界遺産　首里城《しゅりじょう》公園

首里城公園は、琉球王国の王城であった首里グスクを中心とする一帯を整備した公園です。那覇の街から首里グスクまでは約三km離れていますが、かつてこの間を結ぶ一本の大きな官道が通っていました。この官道の脇に琉球中山王であった第二尚氏の王陵である玉陵《たまうどぅん》があります。玉陵前から守礼の門を抜け首里城へ向かう道（綾門大道）は、現在、歩行者用の通路として整備されています。その脇に大型バスやレンタカーなどの公営駐車場の建物である首里杜館《すいむいかん》があります。首里城公園を訪れる多くの人々は、この首里杜館に車を止めて、首里グスクへと向かっているようです。

首里杜館地下の駐車場から守礼の門前の通路に出る前に、首里グスクおよび首里の街並みを小さくしたジオラマを見に行きましょう。この建物の中にあります。ジオラマをみると、首里の地形や街並みと首里グスクの関係がよくわかります。パンフレット類もここで手に入れることができます。通路に出て、やや坂道となった上り坂の方を見ると、守礼の門が見えます。初めて見る人は思いのほか小さく感じるかもしれません。守礼の門の回りには琉球衣装（琉装）をまとった写真モデルさんがいます。有料ですが、一緒に写真を撮ってみるのもよいでしょう。

守礼の門を抜けると、すぐ左手に石の祠があります。園比屋武御嶽《そんひゃんうたき》です。国王や王妃、王族が城外に出る際に、道中の安全を祈願した聖

守礼の門

域とされています。園比屋武御嶽の前の車道を越えて通路を進むと歓会門です。歓会門は首里グスクの正面門で、アーチ形の石門の上に木造の櫓を構えています。琉球衣装をまとった門番の前を通り過ぎ、階段を上って瑞泉門へ向かいます。瑞泉門は階段の右脇にある井戸（瑞泉）にちなんで名付けられました。瑞泉は首里グスクの地下にできた洞窟の中から流れ出る湧き水を貯める井戸で、龍樋とも呼んでいます。湧き水の吐き出し口には石造りの龍頭が作り付けられています。この龍頭は一五二三年に中国（明）から運ばれたもので、沖縄戦の際、破損したものを接合して現位置に戻してあります。よく見ると、接合の際のつなぎ目がわかります。

瑞泉門を入って左に折れると、すぐに漏刻門があります。漏刻門は歓会門と異なり、左右に分かれた石

園比屋武御嶽

歓会門

龍樋

漏刻門

広福門

下之御庭

垣の上に木造の櫓を設けて門とした櫓門となっています。漏刻門を過ぎて中に入ると、すぐ右手に広福門があります。広福門は木造で、琉球王国の頃には建物の内部東側に士族の財産争いの調停を行う大与座《おおくみざ》、西側に寺や神社を管轄する寺社座が置かれていました。現在はチケット売場が設けられています。

広福門に設けられたチケット売場の前は少し広い庭になっており、下之御庭《しちゃのうなー》と呼ばれていました。中央に石垣囲いの聖地、首里森御嶽《すいむいうたき》があります。その後ろにも石垣囲いの空間があり、京の内《うち》と呼ぶ、首里グスクの中でも格式の高い聖域があります。首里グスクの中にはこのような自然の空間を囲った聖域が合わせて十ヵ所あって、十嶽《とたけ》と呼ばれています。これらの聖域では神女《のろ》によるさまざまな祭祀儀礼が行われていました。公開区域に入っていない場所にある御嶽もありますが、廻ってみるのもよいかもしれません。

下之御庭の右手には、琉球舞踊を紹介している建物があります。ここには士族の家系図を管理する系図《けいず》座《ざ》と首里グスク内の物品管理を行う用物座《ようもつざ》がありました。その裏手を進むと、木曳門《こびきもん》と「西《いり》のアザナ」があります。木曳門はグスク内で建築が行われる場合、建築用材を運び込むために設けられた石門で、通常は石積みによって閉じられていました。西のアザナは那覇方面から慶良間諸島を望む絶好の位置にあり、ここに釣鐘を据えて時刻を知らせていました。

下の御庭と御庭を隔てるのは奉神門《ほうしんもん》です。奉神門も木造建造物で、出入口が三ヵ所設けられており、中央の一つは国王や主な賓客のみが用いていました。現在はここが正殿への入場券のチェックカウンターとなっています。横長の奉神門建物の北側は薬や茶、煙草、首里城内で用いる御用物を管理する納殿《なでん》、南側

首里森御嶽

系図座・用物座

奉神門

は神女たちが祭祀を行った君誇《きみほこり》として利用されていました。奉神門を潜ると御庭に到達します。

御庭は南北約四四m、東西約四〇mの広さがありますが、中国北京の紫禁城や韓国ソウルの景福宮の前庭と比べると狭く感じるかもしれません。ここでは元旦の朝賀儀式や中国皇帝からの使者を迎えて国王任命式典（冊封式典）などが行われました。御庭の正面東側に正殿、右手南側に南殿と番所《ばんどころ》、左手北側に北殿があります。

御庭に入った観覧者は番所に案内され、履物を手渡されたビニール袋に入れて、南殿からその裏手にある書院・鎖《さす》ノ間《ま》へ入ります。番所は登城した役人の取り次ぎなどを行った場所です。この辺りの建物は基本的に日本風の建物であり、日本式の儀式や薩摩藩から派遣された役人たちの接待所として用いられていました。現在、南殿には首里城公園（管理財団）が収集した資料の展示室が設けられています。

正殿は外観二層造り、内側は三階建ての建物で、首里城公園の中で、すべて木造で復元された唯一の建物です。中に入ると、建物に塗られた漆の香りが漂ってきます。一階は下庫理《しちゃぐい》と呼ばれ、御庭側の表空間と国王家族が住む正殿奥の御内原《おうちばら》側の裏空間がしっかりと壁で仕切られています。壁を隔てて表空間より西側の首里グスク内は行政空間、裏空間から東側は国王の私的生活空間となっています。表空間側の中央には国王の御座所である御差床《うさすか》、その左右には国王の子や孫が座る平御差床《ひらうさすか》が設けられています。

正殿の二階は大庫理《ウフグーイ》と呼ばれる国王と家族の私的空間で、国王の即位や元服、あるいは元旦をはじめとする歳時儀礼が行われていたとされています。やはり中央に一段高い御差床が配置されており、さまざまな漆工技術を用いた装飾が施されています。また、御庭に面した部分には唐玻豊《からふぁーふ》と呼ばれる小部屋があり、元旦の儀式朝拝御規式《ちょうはいおきしき》の際に、ここで国王が御庭に控える役人たちの朝賀を受けました。二階には細かく仕切られたいくつかの部屋があり、その中の南西奥の「おせんみこちゃ」と呼ばれる部屋には香炉を備えた祭壇（御床《おとこ》）が設けられ、神女が火の神《ひぬかん》を祀っていました。

久慶門

正殿前の御庭

正殿二階の見学を終えると、二階から三階へ通じる急な階段を見上げた後、一階へ降りて履物を履き北殿へ移動します。北殿は西之御殿《にしのうどぅん》とも呼ばれ、平常は琉球王府の最高官人である三司官をはじめとする官人が出仕し、政務をとっていました。現在は首里グスクに関するさまざまな情報展示や映像紹介が行われているほか、記念品の販売を行うスペースとなっています。また、二〇〇〇（平成一二）年に開催された沖縄サミットの際には、ここで記念晩餐会が行われました。

北殿を出ると、階段を下って右掖門《うえきもん》から、国王と家族の居住空間へ通じる淑順門前まで入ることができます。その先の御内原を中心とする空間は、二〇一四年春の時点で、まだ発掘調査とこれを踏まえた復元工事が進行中であり、見学することができません。しかし近い将来に公開されるようです。現在は右掖門を通って石畳道を下り久慶門へ向かいます。

久慶門へ向かう石畳道と外石垣の間には、かつて泡盛を保管していた銭蔵《じんぐら》があったとされていますが、復元はされていません。また、石畳道の最下段脇には寒水川《すんかーがー》と呼ばれる湧水と溜井戸があり、そこから溢れた湧水は暗渠を流れて、久慶門外に位置する円鑑池に注ぐようになっています。

久慶門は通用門であり、歓会門と同じくアーチ形に作った石門の上に木造の櫓が設けられています。また、首里グスクの外石垣には歓会門、久慶門の他にもう一つ継世門があり、復元されています。継世門は初期の首里グスクにおける正門であり、赤田御門《あかだうじょう》とも呼ばれます。国王の代替わりの際、新国王は必ずここから首里グスクへ入ったとされ、継世門の名称もこれに由来します。しかし、二〇一四年春の時点ではまだグスク内を通って継世門へいくことはできず、久慶門を出た後、首里グスクの城壁外周に沿いながら、首里の街並みを廻って行かなければなりません。

久慶門を出ると、車道の先に円形に造られた円鑑池が見えます。石橋を渡った円鑑池の中央には石垣を廻らした築山があり、ここに弁財天堂が造られています。弁財天堂には円鑑池に隣接する円覚寺に安置されていた弁財天が祀られていました。しかし、これは島津氏による琉球侵攻の後のことで、それ以前には高麗王朝から琉球王国に送られた「高麗版大蔵経」が納めてありました。

円鑑池から溢れた水はさらに下の龍潭池へと注ぐようになっています。龍潭池では中国からの使者を迎えた際に、爬竜船を浮かべた接待行事が行われたとされています。また、円鑑池から守礼の門へ向かう園路の両脇には、旧日本軍が首里グスクの地下に設けた第三二軍司令部壕に付属するコンクリート造りのトーチカがあります。トーチカは第三二軍の通信施設で、園路の先に見える園比屋武御嶽の下辺りに地下壕入口の一つがあったとされています。トーチカの前に地下壕の説明板が設置されています。

首里城公園は琉球王国の姿を今日に伝える重要な史跡であるとともに、沖縄戦を含む沖縄の歴史や文化に思いを馳せる場所でもあるのです。

★★首里グスク復元の発掘調査★★

首里グスクの復元に先立って、考古学的な発掘調査が行われ、その成果に基づいて復元計画が立案されました。発掘調査で確認された遺構は基本的に建物下に埋め戻して保存されていますが、グスク内の数ヵ所でこれを見ることができるように工夫されています。正殿一階の御差床前の床の一部もその一つで、ガラス張りになった床下に、正殿基壇が次第に前面へと作り替えられた状況を確認することができます。復元される前の段階の正殿基壇は一六世紀初めの第二尚氏尚真王の時代に造られたと考えられていますが、その内側にはさらに三つの基壇が確認されており、一五世紀代の第一尚氏時代に造られたものと考えられています。床下に見られる基壇はこの第一尚氏時代の基壇で、その中には用いられた石材に火災の影響が残る部分も見られます。この他、首里グスクの建物や石垣、瓦葺き屋根と瓦などの復元に関する情報は、北殿内に設けられた映像コーナーで紹介されています。

★★グスクと城★★

沖縄では一三世紀末から一五世紀にかけてグスクと呼ばれる構築物が造られました。グスクには首里グスクのように敷地面積が約四万㎡を越える大規模なものから、海岸線に残る岩礁程度のものまでがあり、その内容は一律ではありません。このため、グスクの性格をめぐってはいろいろな解釈論が提示され、「グスク論争」と呼ばれる活発な論議が交わされてきました（當眞嗣一「グスク論争」『論争・学説日本の考古学』第一巻・総説、雄山閣出版、一九八七年などを参照）。

グスクの性格に対する主な考え方は、居城説、聖域説、集落説の三つです。

居城説は、農耕の定着と生産力の増大に伴って、各地に首長が登場し、それぞれの拠点となる施設としてのグスクを構築したとするものです。その後、グスクを構築した首長たちは次第に相互間の政治的統合を進め、沖縄島の北部（北山王＝今帰仁グスク）、中部（中山王＝浦添グスクその後首里グスク）、南部（南山王＝糸満高嶺南山グスクもしくは島尻大里グスク）の地域的連合体が成立します。そして、最終的にはこの中の中山王が沖縄本島を統一し、さらに宮古・八重山諸島および奄美諸島を支配下に収めて、琉球王国が成立します。

聖域説は、グスクが集落の後背地にあることが多く、またそこは墓地を含む集落の聖地であることが多いことを踏まえて、グスクはこの聖地を石垣で取り囲んで拠点化したことによって成立したとする考え方です。

集落説は、集落の周辺を石垣や柵列で取り囲むことによって、防御機能を備えたことから発生し、次第に集落内の一般住民がグスクの外に追い出されて首長の居城化することが起こるものの、元々は防御的な性格を持つ集落であったとするものです。

居城説は主に歴史学関係者、聖域説は地理学や民俗学関係者、集落説は考古学関係者から唱えられ、それぞれに一定の支持を得ています。このため、これらの各理解論を歴史的な推移の過程として捉える「グスクモデル」を作り、各説の統合を試みる考え方も提示されていますが、見解の統一は図られず、グスクをめぐる理解論は併存した状態となっています。

グスク論争以降、沖縄ではグスクの考古学的調査が各地で行われるようになりましたが、比較的大型のグスクを対象とすることが多いこともあって、多くのグスクでは簡単な防御施設を設けた構造から次第に地域首長の軍事的拠点化した複雑な構造へと発達していく変遷過程を裏付ける結果が提示されています。

沖縄本島に残る主だったグスクは、本土復帰に際して日本の文化財保護法に基づき国指定史跡に指定されました。元々、地元では「グスク」ではなく「グシク」と表記していましたが、次第に「グスク」と表記するようになり、漢字表記としては「城」を当てていました。これを踏まえ、国史跡指定にあたって、文化庁では「グスク」をすべて「城」と表記することにしました。このため、沖縄各地の国指定史跡標柱には、「○○城跡」の表記が用いられています。地元では現在でも「○○グスク」と呼ぶことが一般的ですが、首里城のように「○○城《じょう》」と呼ぶこともあります。

沖縄の歴史的呼称と日本の文化財保護法による画一的な表記の微妙な違いの問題ですが、あまり細かく是非を問わないところが「沖縄的」なのかもしれません。なお、本書では基本的に「グスク」と表記することにします。

世界遺産　玉陵《たまうどぅん》

▽沖縄県那覇市首里金城町

首里城の西方丘陵上にあり、かつての琉球首里王府時代の主要道路である綾門大道に面して造られた琉球王朝第二尚氏歴代の王墓です。見上森に葬られていた尚円王の墓をあらためて葬るためにその息子の尚真王が命じて構築させたものです。玉陵碑には「大明弘治十四年九月大吉日」と刻まれており、創建年が明の弘治十四（一五〇一）年であることがわかります。碑文にはこの玉陵に葬られる人々が国王、王妃、世子、世子妃の直系に限定されていたことが刻まれています。

なお玉陵は太平洋戦争末期の沖縄戦によって大破しましたが、復帰直後から復元工事が行われました。一九七七（昭和五二）年に完成し、かつての首里城正殿を模して造られた平瓦葺きの屋根を持つ建物になっています。

世界遺産　識名園《しきなえん》

▽沖縄県那覇市真地四二七

琉球国の時代に中国からの冊封使を接待する目的で首里城の南に造られた

玉　陵

識名園

庭園です。庭園は尚穆王《しょうぼくおう》の一七八三年に造り始め、一八〇〇年に完成したとされています。庭園は近世日本にみられた廻遊式庭園型式を主として中国式庭園の様式を取り入れた和漢折衷式の庭園といえます。とくに石橋や小島に石を張り付ける手法は中国式といえる部分です。一九四一（昭和一六）年に国指定名勝となっています。

✤不屈館《ふくつかん》

▽沖縄県那覇市若狭二―二一―五

沖縄の政治家である瀬長亀次郎の業績を顕彰し、彼が残した多くの資料をもとに、二〇一三（平成二五）年三月に開館した博物館です。館の名前は彼が好んで揮毫した「不屈」からとったものです。瀬長は米軍占領下の沖縄で沖縄人民党を設立し、占領軍などの圧政に対する抵抗運動の先頭に立って、沖縄の祖国復帰と平和な社会の実現に命がけで闘いました。

ここは、資料の展示公開だけでなく、現代沖縄が抱える様々な問題にも積極的に取り組んでいくという方針のもとに運営されているようです。瀬長の残した不屈の精神がいつまでも伝えられることを祈りつつ館を後にしました。

不屈館

★★瀬長亀次郎★★

瀬長亀次郎は、一九〇七年に現在の沖縄県豊見城市で生まれ、旧制第七高等学校（現、鹿児島大学）に進みましたが、社会主義運動に参加したという理由で放校処分となります。戦後、新聞記者を経て一九四

瀬長亀次郎の部屋のジオラマ

六年にうるま新報（現琉球新報）の社長に就任するも、在任中に沖縄人民党結成に加わったということを理由に、米軍の圧力で辞任することになります。しかし、一九五二年の第一回立法院議員選挙で最高得票数を獲得し当選を果たします。一九五四年には沖縄人民党事件で投獄されますが、一九五六年出獄後、那覇市長選挙に出馬し当選します。しかし、市長在任中も米軍をはじめとする各方面からの迫害を受け、やがて一九五七年、米軍高等弁務官布令によって、瀬長は追放され被選挙権も剥奪されます。やがて一九六七年被選挙権を回復、翌六八年には立法院議員選挙で議席を回復します。一九七〇年沖縄最初の国政選挙で衆議院議員に当選後、連続七期の当選を果たし、一九九〇年に政界を引退します。二〇一〇年一〇月五日死去、享年九四。

★★米軍の沖縄占領作戦とその後の支配体制★★

一九四五（昭和二〇）年三月末から沖縄戦が始まりましたが、米軍ではこの沖縄進攻作戦を「アイスバーグ作戦」と呼んでいました。「アイスバーグ作戦」の策定は前年一〇月に行われ、これには米軍中部太平洋機動部隊の下に編制された「遠征第五六機動部隊（第一〇軍）」が従事しました。第一〇軍は陸軍第二四師団、第三海兵隊軍団を主戦力とし、予備部隊に陸軍第二七歩兵師団と第七七歩兵師団、第二海兵師団、さらに作戦遂行中の第一〇軍を防衛する部隊として海軍機動部隊、戦術空軍部隊、陸軍守備隊を配備しました。その総兵力は一五万四〇〇〇余名に上ります。

また、アイスバーグ作戦を前にして、米軍は沖縄占領後の住民に対する民政計画を立案しており、沖縄本島へ上陸した一九四五（昭和二〇）年四月一日に「ミニッツ布告」を公示して、米軍政府による民政施策を開始しました。沖縄の民政は当初、米海軍が担当していましたが、一九四六年七月には陸軍へ移管されています。なお、日本が無条件降伏した後の八月下旬には米軍に収容された地元住民の代表を集めた「沖縄諮詢会」が設立され、翌一九四六年四月には米軍政府の下に沖縄民政府が設置されました。同時期の奄美諸島や宮古・八重山諸島では、米軍政府から派遣された軍政官によるそれぞれの群島ごとの民政が行われました。

一九五一年九月のサンフランシスコ平和条約の調印を前にした一九五〇年八月には、米軍による琉球列島の継続的支配が明らかとなり、米軍政府は「琉球列島米国民政府」と改称されるとともに、奄美群島、沖縄諸島、宮古諸島、八重山諸島ごとにそれぞれの群島民政府が設置されました。これによって、琉球列島には四つの民政府が並立する状態となりましたが、サンフランシスコ平和条約発効後の一九五二年四月、四つの群島政府は沖縄本島に設置された琉球政府に統合されました。そして、一九五四年一二月に、奄美群島の施政権だけが先行して日本へ返還されることとなったのです。

米軍は琉球列島米国民政府の責任者として軍人の民政官（一九五七年からは高等弁務官）を派遣し、米国民政府の下に地元の人々からなる琉球政府を隷属させる体制をとりました。高等弁務官は「沖縄の帝王」（大田昌秀『沖縄の帝王高等弁務官』久米書房、一九八四年）と呼ばれるほどの権力を保持しており、この米軍による統治体制が一九七二年五月一五日の日本復帰まで続きました。

✻沖縄セルラースタジアム那覇　野球資料館

▽沖縄県那覇市奥武山町四二―一

一九六〇（昭和三五）年一一月、沖縄県内最初の本格的野球場である那覇市営奥武山野球場が建設され、その後、二〇一〇（平成二二）年四月に改修工事が行われました。改修後は、施設命名権公募の結果、沖縄セルラー電話が獲得し、「沖縄セルラー・スタジアム那覇」と愛称で呼ばれるようになります。

二〇一〇年の改修工事完成の際、球場内中央のバックネット裏通路の右側に、沖縄の野球史をテーマにした施設が併設されました。一九五八年に沖縄県代表が甲子園に初出場した時の様子や、二〇一〇年に興南高校が沖縄県民の悲願であった甲子園春夏連覇を達成したことなどが取り上げられています。また沖縄県出身で広島カープで活躍した安仁屋宗八投手、興南高校出身で福岡ダイエーホークス、ソフトバンクで活躍する新垣渚投手のユニホーム姿のマネキン人形が飾られています。テレビモニターでは「興南高校旋風ふたたび―つながるチムグクル」の映像が公開されています。

野球資料館入口

高校野球のトロフィーやメダル

那覇市の中心部に建設されたこの野球場は、二〇一一年からは読売巨人軍の春キャンプ地として使用されています。なお、プロ野球キャンプが行われている期間はこの資料館は休館しています。

✻福州園

▽那覇市久米二―二九

那覇の繁華街に隣接する松山公園と道を隔てた所にあります。この庭園は、中国福州市と那覇市の友好都市締結一〇周年記念事業として建設、一九九二年に完成しました。総面積は八五〇〇㎡あり、沖縄文化に大きな影響を与えた中国建築様式によって、福州の名勝をイメージして作られています。園内には雄大な池や築山、滝、植栽や彫刻のある建築などがあります。使用した石材などの材料は福州からもたらし、工事も福州市の協力を得ました。

庭園の東部には春景色を配置し、精気に満ち溢れ、朗らかで明快です。中央部は夏景色で、青々と育った草木、静かで奥ゆかしく上品な空間を描き出しています。西部は秋・冬景色で、高い丘の上の塔屋の下方から滝の水を落とすなど多種多彩、精華を極める空間を演出しています。

市街地にありながら、自然豊かで人々をいやす市民の憩いの場所、異国情緒あふれる庭園として親しまれています。

★★松山公園と旧久米（唐栄）村★★

現在、松山公園として整備されている地域にはかつて中国から渡来した人々が居住した久米村がありました。今から六〇〇年前、中国福建から・人三六

福州園

久米三六姓の石碑

姓と呼ばれる人々が渡来し、この地に居を構え久米村（唐栄村）を築きました。以来、久米村の人々は外交文書の作成などを通じて王国の国際交流、交易を促進させ、また中国の文化・文物の導入にも大きく寄与しました。現在、公園の一角にはその三六姓の文字が刻まれた船型の石碑が立てられています。

✤琉球大学資料館・風樹館《ふうじゅかん》

▽沖縄県中頭郡西原町千原一

琉球大学は一九五〇（昭和二五）年に開学しました。設置したのは米軍政府でしたが、その後琉球政府に移管され、一九七二年の本土復帰に伴って国立大学となりました。琉球大学の設置は明治期以降、高等教育機関が設置されていなかった沖縄県民にとって待望のものであり、設置に際してはハワイを中心とした沖縄系移民をはじめとする人々からの支援が多く寄せられました。

琉球大学資料館・風樹館の設置もこのような地元からの寄付によって行われたもので、一九六七年に開館しました。当初は農学部付属の施設でしたが、首里グスク内に設けられていたキャンパスが現在地へ移転するのに伴い建て替えられ、全学的な施設となりました。二〇一三（平成二五）年三月には博物館相当施設に指定されています。

ところで、琉球大学キャンパスは約一三〇万㎡の広さがあり、宜

風樹館

龍潭池から見た風樹館

野湾市、西原町、中城村の三市町村に広がっています。学内には一周約二kmの周回道路と三ヵ所の入口が設けられており、通称北口と呼ばれる宜野湾市側の出入口に公共交通機関のバス停が設けられています。バス停からキャンパス内へ向かい、周回道路に設けられた信号機を渡って、さらにキャンパス中央部へ向かうと右手奥に煉瓦色の円形建物が見えてきます。ここが資料館（風樹館）です。大学内では資料館という名称よりも、風樹館の方が良く知られており、ここでも風樹館を用いることにします。

　琉球石灰岩のアプローチ園路を通って、風樹館にたどり着きドアを開けると、かすかにホルマリンの香りが漂ってきます。これは二階にある動物標本の保管に用いられているホルマリン溶液が香ってきていることによります。履物を脱いで、用意されたスリッパに履き替え、案内パンフレットを手に取って一階の展示室へ進んで下さい。館内の中央は吹き抜け構造、左右は二層構造となっており、一階の中央は木材標本、右側は農具や鉱物などの自然系展示室、左側は考古資料や陶芸、染織などが置かれた文化系展示室となっています。二階の右には動物標本、左にはサンゴや考古資料の収蔵庫がありますが、ここは通常施錠されています。一般の観覧者の皆さんは基本的に一階の展示室を見学するか、館外に設けられたビオトープを用いた学習を行うために訪れることが多いようです。

　一階の展示室は基本的に陳列型の展示であり、あまり細かい説明はありません。また、説明者や監視者が配置されていることもなく、静寂な雰囲気です。これを補うため、大学のホームページで風樹館の情報まざまな活動について、少しずつ見直しが進められていくものと考えられます。しかし、博物館相当施設に指定された今後は、展示の内容やさを見ることができるようになっています。

✻沖縄県立埋蔵文化財センター

▽沖縄県中頭郡西原町字上原一九三―七

沖縄県立埋蔵文化財センターは二〇〇〇（平成一二）年四月に開所しました。西原町字上原の高台にある琉球大学医学部付属病院のそばにあり、ピラミッド型をした緑色の天井を複数組み合わせた建物が特徴的です。

埋蔵文化財センターの設置まで、沖縄県教育委員会が関わった遺跡調査で出土した考古遺物は、県内の使われなくなった学校施設等に分散して収蔵され、それぞれの施設で資料整理や調査報告書の作成が行われていました。埋蔵文化財センターが設置された現在は、ここで一貫した文化財の整理、収蔵が行われています。また、活動の一環として、展示と教育普及活動も積極的に実施されています。

アプローチ通路を経て施設の中に入るとロビーがあり、左手が事務室、右手突き当たりが展示室、右手手前が体験学習室になっています。展示室は一〇m×一五mほどの常設展示室と、その奥に一〇m×一〇mほどの特別展示室が設けられています。

常設展示室では、沖縄県教育委員会が行ってきた発掘調査の出土遺物を中心として、沖縄の考古学的編年に沿った展示が行われています。なお、現在

沖縄県立埋蔵文化財センター

展示室

の沖縄県は沖縄諸島と宮古・八重山諸島で構成されていますが、約一〇〇〇年前まで、沖縄諸島と宮古・八重山諸島の間には安定的な通交がなく、両地域では全く異なる先史文化が成立していました。このこともあり、展示室の中には両地域が同一文化圏に含み込まれる以前の文化的相違を示す資料も展示されています。

中央には弥生時代に並行する段階の沖縄の海浜集落の暮らしを再現したジオラマが置かれており、当時の人々の暮らしぶりを想像することができます。

常設展示室奥の特別展示室では、埋蔵文化財センターが保管する国の重要文化財である「首里城京の内出土遺物展」を中心とした展示が行われています。

沖縄本島南部の博物館

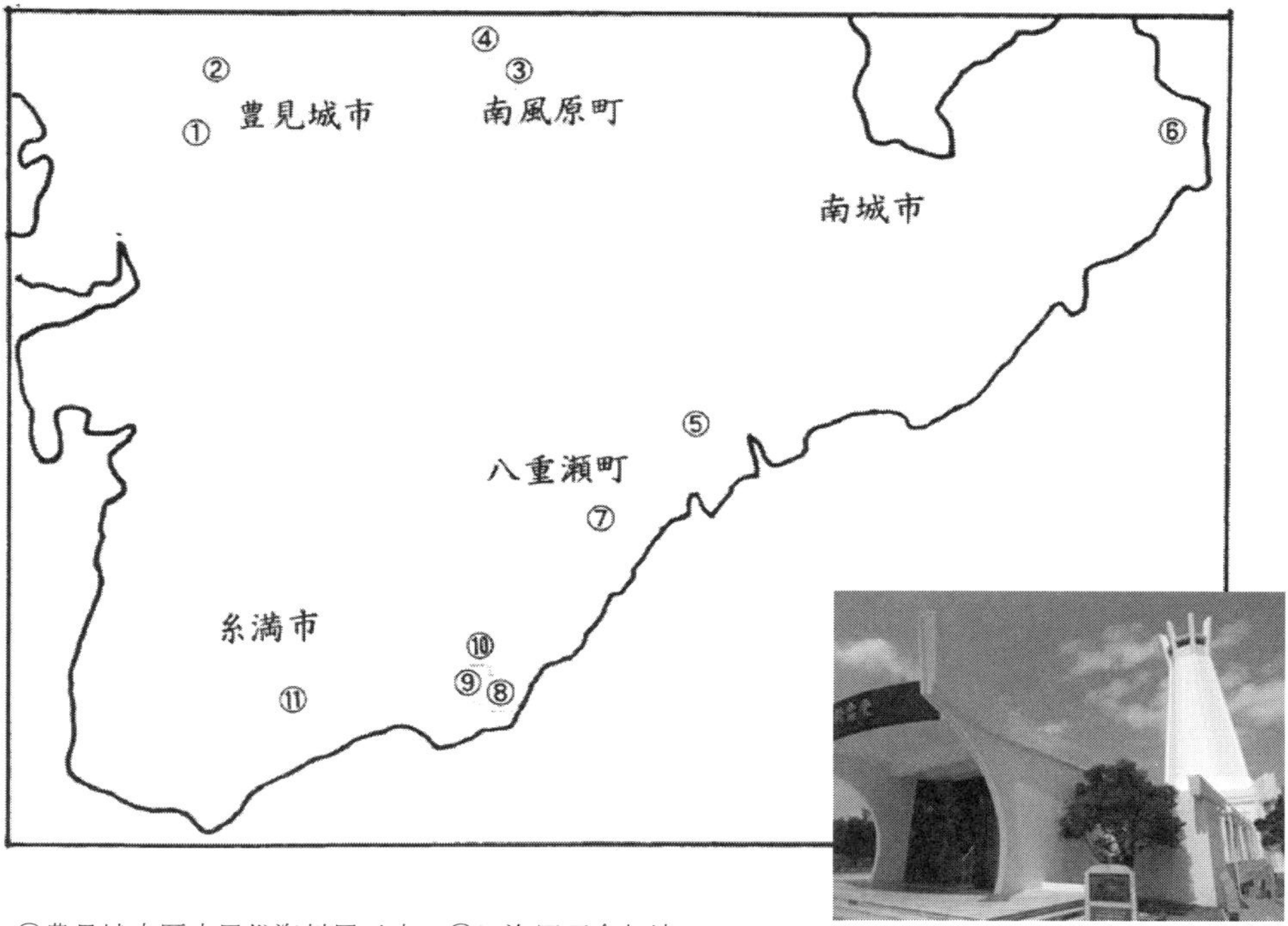

沖縄平和祈念堂と塔

①豊見城市歴史民俗資料展示室　②旧海軍司令部壕
③南風原文化センター　④沖縄陸軍病院南風原壕群二〇号壕
⑤おきなわワールド　⑥斎場御嶽　⑦八重瀬町立具志頭歴史民俗資料館
⑧沖縄県平和祈念資料館　⑨沖縄平和祈念堂・美術館　⑩清ら蝶園　⑪ひめゆり平和祈念資料館

沖縄本島南部（島尻《しまじり》）には、那覇市のほかに、豊見城《とみぐすく》市・糸満市・南城市・南風原町《はえばるちょう》・八重瀬町・与那原町の各自治体があります。沖縄戦最後の激戦地である南部の戦跡などがあり、多くの人が訪れる地域です。

豊見城市歴史民俗資料展示室✾　✾清ら蝶園
旧海軍司令部壕✾　✾沖縄県平和祈念資料館
南風原文化センター✾　✾沖縄平和祈念堂
沖縄陸軍病院南風原壕群二〇号壕✾　✾ひめゆり平和祈念資料館
おきなわワールド・琉球王国城下町✾
おきなわワールド・琉球王国歴史博物館✾
おきなわワールド文化王国・玉泉洞✾
おきなわワールド・熱帯フルーツ園✾
おきなわワールド・ハブ博物公園✾
斎場御嶽✾
八重瀬町立具志頭歴史民俗資料館✾
沖縄平和祈念堂・美術館✾

✽豊見城《とみぐすく》市歴史民俗資料展示室

▽沖縄県豊見城市伊良波三九二

豊見城市は那覇市の南隣にあり、全国で一、二位を争う人口の多い村でしたが、二〇〇二（平成一四）年四月に村から市へと昇格しました。市民の平均年齢が三〇歳代と若い行政体です。このこともあり、市の発展を見据えて、市域の歴史と文化を再確認することを目的として、市制施行年の九月に歴史民俗資料展示室が設置されています。ただし、本来は中央図書館として設計された建物に歴史民俗資料展示室を併設したようで、出入口の扉は仮設的な雰囲気を漂わせています。

展示室内は市内遺跡の発掘調査で出土した考古資料や、市内で収集された民俗資料、歴史資料が展示されています。また、茅葺き民家を再現した中にさまざまな生活用具を置いて、生活の様子を復元した展示もあります。手づくり感あふれる展示室の入口脇には事務室があり、豊見城市で刊行した市史などの資料を入手することができます。

豊見城市歴史民俗資料展示室

✽旧海軍司令部壕

▽沖縄県豊見城市豊見城二三六

那覇空港から車で二〇分ほどの豊見城市の高台に旧日本海軍沖縄方面根拠地隊が作った司令部壕が残っています。

昭和初期、旧日本海軍は沖縄県内各地に飛行場や軍港などの施設を設けていました。本土から太平洋諸

海軍司令部壕ビジターセンター

長い階段の奥に司令部の中枢が

島や東南アジア地域へ向かう航空機や船舶に燃料や水、食料の補給を行うことを主な任務としていました。しかし戦争末期になると、日本近海の制海・制空権は米軍を中心とする連合国軍に掌握されていき、本土が戦闘の舞台になることが予測されるようになります。そこで、戦争指導部の大本営は一九四四（昭和一九）年三月に、沖縄島を中心とする琉球列島防衛のため第三二軍沖縄守備隊を設置し配備しました。これを受け、日本海軍でも四月一〇日に佐世保鎮守府指揮下に沖縄方面根拠地隊と第四海上護衛隊を設けました。

　沖縄方面根拠地隊は、すでに日本海軍が設営していた沖縄島小禄《おろく》飛行場（現、那覇空港）に司令部を構え、周辺に小禄飛行場を守備、制圧するための陣地壕の設置を進めます。また、沖縄島周辺に進攻した連合国軍艦船に対して、海上特攻艇による攻撃を行うための特攻艇秘匿陣地壕の設置も並行して進めました。このような壕の中で、実際の地上戦が開始された場合、司令部が入ることを目的として設けられたのがこの海軍司令部壕です。

　司令部壕は豊見城市内の微粒砂岩（沖縄ではニービと呼ぶ）の岩盤からなる小丘を利用し、ここに数本の貫通壕を扇形に配置して掘削しています。壕内には長官室や幕僚室、下士官室、作戦室、暗号室、信号室、発電室、医療室、厨房など、軍隊の構造や活動に応じた諸室が配置されていました。また、壕内の主要な部分や脆弱な部分はコンクリートや漆喰で補強されており、電気設備も配されていました。

一九四五年三月末、米軍を中心とする連合国軍は小禄飛行場の西方約五〇㎞の位置にある慶良間諸島に橋頭堡を確保し、ここを拠点として四月一日から沖縄島への本格的な進攻作戦に取りかかります。この前後から、小禄飛行場周辺は連合国軍艦船および航空機の猛烈な攻撃を受けることになりました。これに対して、海軍沖縄方面根拠地隊は小禄飛行場の制圧を続けますが、六月一三日に至って本司令部壕を中心に玉砕します。玉砕を前にして、司令官の大田實少将（戦死の日に中将へ昇進）が大本営に向けて発信した電文はよく知られているところです。

この旧日本海軍沖縄方面根拠地隊司令部壕は、沖縄の日本復帰を前にした一九七〇年に、壕内の主要な諸室が整備復元され一般に公開されました。整備された壕内には掘削時に用いたツルハシの痕が明瞭に残っている部分が見られます。

これらの壕の整備は、復帰後に沖縄県観光開発公社となる部局が行ったもので、復帰後の日本本土からの旧軍関係者を含む観光客を念頭に置いた整備でした。壕の一部はまだ復元整備が行われず、埋もれたままになっています。現在、壕が掘削され

ガイダンス室の展示

た小丘の上には旧海軍関係者によるいくつかの慰霊碑が建立されています。

近年、壕入口周辺の再整備が行われ、入場券売場の近くに沖縄戦と海軍壕について解説するガイダンス室が設けられ、観覧者への情報提供を行っています。

✽南風原《はえばる》文化センター

▽沖縄県島尻郡南風原町喜屋武二五七

南風原文化センターは、南風原町が一九八九（平成元）年に設置しました。一九九六年三月には博物館相当施設として登録され、二〇〇八年に現在地へ新館を建設し、移転しました。

南風原文化センター

南風原町は沖縄県内で唯一、海岸線に接していない行政体です。この立地と那覇市の南隣に位置するという環境条件があったことから、旧日本軍沖縄守備隊（第三二軍）は沖縄戦を前にして南風原町内（戦争中は南風原村内）に多くの兵站拠点を設けました。しかし、沖縄戦では連合国軍海上艦船による艦砲射撃に加えて、航空機による激しい空爆が行われ、当時の南風原村民の四八％が亡くなるほどの被害を被りました。このこともあり、南風原文化センターでは沖縄戦を展示テーマの柱の一つに掲げています。

文化センターは旧日本軍沖縄守備隊直属の沖縄陸軍病院部隊が、沖縄戦の際に避難して病院活動を行うことを目的として掘削した壕群、通称、南風原陸軍病院第一・二外科壕群が分布する黄金森丘陵の麓に設けられています。このため、文化センターの建物はこの黄金森丘陵の景観を損なわないように、平屋建てになっています。

建物の正面入口を入ると、右手にカウンターがあり、観覧券やいろいろな出版物を購入することができます。なお、南風原町民は無料で観覧できることになっています。

カウンターのすぐ右側から展示室に入ることになりますが、ここは黄金森に掘削された陸軍病院壕の内部が復元され、壕内通路と二段ベッドが作り付けられています。壕の入口の辺りには収容患者の食事が入った桶を二人掛かりで運ぶ女学生、ひめゆり学徒隊の人形があり、壕内の二段ベッドには患者の人形が横たわっています。暗い通路を通り抜けるのがためらわれるような展示ですが、壕内での医療活動の様相を想像させるに充分です。なお、壁面の数ヵ所には壕内の発掘調査で出土した遺物が展示されています。

陸軍病院壕での手術の様子

復原された壕を抜けると、南風原の戦争に関する資料が展示されています。ここでは沖縄戦の前史から終結までの南風原町内のできごとを中心とした展示となっています。南風原に置かれた兵站拠点の位置や、南風原と沖縄戦との関係がよくわかります。そして、沖縄戦の展示室の最後には沖縄戦で亡くなった旧南風原村全住民の名前が書かれた名札が壁面一面に掲げられています。

沖縄戦の展示室を抜けると、戦後史の展示が続きます。展示室の壁面と展示台一帯にさまざまな戦後の資料が置かれ、戦後の混沌とした中の不思議な活気が伝わってくるようです。南風原から中南米へ向かった移民の姿も展示されており、移民も南風原文化センターにとって重要な研究課題の一つであることを示しています。

いったん受付カウンターの横に出て、右へ進むと民家を復原した南風原の民俗に関する展示室に入ります。農村であるとともに、地理的に首里や那覇の街に近かったことから、南風原にはさまざまな芸能や工芸が発達しました。人々の暮らしの中に息づく民谷芸能や人生儀礼、年中行事などについての情報がここで開示されています。

この他、南風原文化センターには多目的の企画ホールがあり、企画展や講演会、音楽コンサート、演劇など、さまざまな催しが行われています。博物館相当施設でありながらも、文化センターの名称にこだわり続けているのは、住民の参加に根ざした活動を館運営の根底に据えていることの現れでもあります。

▽沖縄県島尻郡南風原町兼城七一六

✽沖縄陸軍病院南風原《はえばる》壕群第二〇号壕

沖縄陸軍病院は一九四四（昭和一九）年三月に設置された第三二軍沖縄守備隊直属の病院部隊です。旧日本軍では新たな作戦軍を創設した場合、直属の病院部隊を附設していました。沖縄陸軍病院は一九四四年五月に熊本陸軍病院で編制され、六月には那覇市内にあった病院施設や学校施設を接収して、病院活動を開始しました。しかし、同年一〇月一〇日に行われた米軍による那覇大空襲によって、接収した病院施設が壊滅状態となったことから、新たに那覇市東隣の旧南風原村にあった南風原国民学校を接収して、ここに移転します。また、移転と同時に空襲による被害を避けることを目的として、南風原国民学校裏手の黄金森丘陵に病院のための地下壕群を掘削し始めます。地下壕群は病院の構成に応じて配置され、大まかには病院本部、外科、内科、伝染病科ごとにまとまっていました。

米軍との地上戦闘が開始された一九四五年三月末からは、掘削した地下壕群での病院活動が行われ、この際に本来の外科を第一外科、内科を第二外科、伝染病科を第三外科に転科しました。以後、第三二軍司令部からの沖縄本島南部への転進命令が出される五月下旬までの間、電気も上下水道もない劣悪な環境におかれた地下壕の中での病院活動が続けられました。

戦後になり、地元に戻った住民によって、簡易住居をつくるために壕の坑木を取り出すことが行われました。また、壕の周辺は畑地として利用されるようになったことから、地下壕は次第に埋もれ、原位置の確認ができないようになりました。

一九七二年に沖縄の施政権が日本へ返還されると、黄金森丘陵の周辺では厚生省による遺骨収集作業が行われました。これを契機として沖縄陸軍病院地下壕群のことが知られるようになり、壕群は「南風原陸軍病院壕群」と呼ばれるようになりました。南風原町では一九九〇（平成二）年に南風原陸軍病院壕の第一外科壕群と第二外科壕群について、町史跡に指定し、一九九四年から琉球大学考古学研究室に依頼して、現況確認のための考古学的調査を開始しました。この結果、第二外科壕群第二〇号壕の残存状況が比較的良好であることが明らかとなったことから、修復および保全工事を行った上で、二〇〇七年六月より公開、活用することにしました。

第二外科壕群第二〇号壕は現存長六〇mほどの掘削壕で、黄金森の尾根の一つを貫いた両側に出入口が設けられています。現在の入口は本来の壕入口部分が崩落していることから、少し内側に入った位置につくられています。壕内の内法は高さ、幅ともほぼ一・八mで、中央に杭を立てて、左右どちらかに病床となる二段の棚を設置していました。第二〇号壕の中央付近には平行して掘削された第一九号および二一号壕との連絡通路が交差していますが、両壕とも陥

第二外科壕群第二〇号壕入り口

没しているため、行き来はできません。また、壕の床面は中央部分の標高が一番高くなるようにつくられ、排水のための勾配が配慮されていました。壕内の壁面は黒く焼けており、また床面に残る坑木の残痕も焼け落ちていることから、内部で火災が起こったことがわかります。

現在、壕を見学するには隣接する南風原文化センターへ事前に連絡し、壕に入る時間を予約しなければなりません。予約した時間に壕の前に設けられた案内所へ行き、ヘルメットと懐中電灯を受け取ります。ガイドの方の説明を受けた後、その先導によって壕内に入ります。壕内には非常用の誘導灯が設置されていますが、通常は点灯されていないため、懐中電灯の光を頼りに中へ進みます。壕内の数ヵ所でガイドの説明を受けると、このような狭く暗い壕内で行われていた病院活動がまざまざと実感されます。壕内の見学は壕の保全と見学者への教育的配慮に基づいて、一回二〇人以下の人数に限られています。

✾おきなわワールド

▽沖縄県南城市玉城字前川一三三六

おきなわワールドは一九七二年に開館したテーマパークです。開館当初は、一九六七年に発見された鍾乳洞を観光施設化するために玉泉洞と名付け、入口にハブとマングースを闘わせるハブ公園などを付設したものでした。その後、琉球王国村やさまざまな観光施設を増設し、現在では鍾乳洞（玉泉洞）と琉球王国村、琉球王国歴史博物館、ハブ博物公園、熱帯フルーツ園など、約一〇のゾーンを備えた観光テーマパークとなっています。「琉球王朝のロマンを今に伝える」がキャッチフレーズです。

■琉球王国城下町

テーマパークの施設の一つです。国指定の登録文化財を含む琉球時代の伝統的な建物を移築復元した建物群です。特に屋根には赤い瓦を葺いた一〇〇年以上昔の琉球民家が一堂に集められており、壮観です。

各民家では藍染め、紙漉き、機織り、紅型など琉球の伝統工芸を体験することができ、製品の販売も行っています。たとえば藍染め工房とされているのは旧伊礼家、紙漉き工房は旧田場家、紅型工房は旧喜屋武家の住宅として使用されていたものです。これらの民家のほか陶芸体験ができる陶器工房、登り窯、ガラス工房などもあります。

■琉球王国歴史博物館

琉球王国城下町の一角にある博物館です。訪問時はさまざまな形の沖縄のシーサーが集められていまし

琉球王国城下町

琉球王国歴史博物館

沖縄のシーサーの展示

た。展示されているシーサーは沖縄各地のもので、時代もさまざまなものがあります。形も大きさも大小いろいろで、カラフルな陶器製や石製、あるいは素朴な木製品と材質も様々なものがあります。本土でも、神社の入口の両側には狛犬が安置されています。これは中国に源流を持つ唐獅子と呼ばれる想像上の動物ですが、その顔つきや形状は地域と時代、場所、作者によって異なっています。エジプトのスフィンクスもここでは獅子の一種とされています。ヨーロッパや中国、ミャンマーなどの例も展示されており、興味深く見学することができました。

■玉泉洞《ぎょくせんどう》鍾乳洞

この鍾乳洞は、一九六七（昭和四二）年愛媛大学学術探検隊によって最初の探検が行われました。その後も引き続き、愛媛大学探検部によって調査が行われ、その全容が明らかになっていきました。その結果、全長は五〇〇〇ｍで日本国内最大級の鍾乳洞であることがわかりました。鍾乳石の数は一〇〇万本以上に達します。現在このうちの八九〇ｍを公開しています。

入口から長い階段を下りていくと洞窟に至ります。大きく曲がって突き当りは「昇竜の滝」と名付けられた部分です。Ｕターンしてしばらく歩くと「槍天井」に出ます。天井からいくつもの槍が突き出ているようで、少々不気味な雰囲気です。天井からのしずくが金属板でできた通路に絶えず

玉泉洞入口

槍天井

地煙の滝

落ちていて、その冷たさに思わずぞくっとします。

見学通路に沿って、初恋広場、化石の広場、地煙の滝、青の泉と続きます。青の泉では水たまりの部分に青い照明を照らしており、洞内では唯一色彩演出が見られるところです。身代わり観音と表示された鍾乳石は石筍がぽつんとありますが、自然の造形の不思議を感じさせます。このあたりから足が痛くなってきましたが、天井から下がる石筍に圧倒されながら先に進みます。間もなく出口というところ、この洞窟に生息している魚の水槽があります。清水魚すまずといいますが、ここではある程度の生息条件が満たされているのでしょう。そうこうしているうちに出口が見えてきました。鍾乳洞見学も終わりです。

■熱帯フルーツ園

玉泉洞鍾乳洞を出るとすぐにフルーツ園があります。規模は大きくはありませんが、訪れた時にはパイナップルの収穫後の姿が広がっていました。ライチやマンゴウ、パパイヤなどの樹木も見られますが、まだ実をつける時期ではなさそうで、青々とした樹木が続きます。また、奄美諸島の伝統的な建物を模した小屋もありますが、園のアクセントとして配置されているようです。

熱帯フルーツ園

■ハブ博物公園

ハブの神秘な世界を体験するというコンセプトで開館した施設です。玉泉洞の入口とは逆の方向にあります。蛇は何とも気味が悪いという方も多いと思いますが、怖いもの見たさに入館しました。

螺旋状の通路を歩いて展示室に入ります。展示室までの壁面にはハブのカラー写真パネルが掲げられています。次に、くねくねと独特の動きで獲物に向かっていく様子を表した剥製が細い円筒状のケース内にあります。また交尾の姿の展示もあります。赤く塗られた祠には淡いピンクのハブが飼育されています。神の使いとしては白蛇がよく知られていますが、このハブは赤ハブが突然変異したものだそうです。愛称は「さくらちゃん」だそうですが、どうもその名前にはなじめませんね。祠の前には「恋愛祈願おみくじ」という箱があり、そこからおみくじを取るようになっていますが、手を入れるとパクリという想像をするのは野暮でしょうか。

なお、訪問時には「世界の大蛇ビックスリー展」と銘打って、アナコンダ、ニシキヘビ、キングコブラの生態展示が行われていました。

野外には、コンクリートの壁で囲まれたハブの放し飼い施設があります。中の岩場には小さな植物が植えられ、その枝にハブが何匹か群れていました。安全な距離が保たれているとはいえ、蛇が怖い人にとっては不安で、不気味なところです。

ヤエヤマイシガメ、ミシシッピーアカミミガメ、ゾウガメなどの亀が飼育

ハブの生態展示

ハブ博物公園

されている檻もあり、ゲージ、ケースには髑髏マークとその上に×をして無毒・有毒の区分が表示されています。

このほか、沖縄の蛇の大半の種類を集めた展示や、民俗資料に見る蛇、おもちゃの蛇のコレクションも見られます。館の一角には、ハブやコブラ、マングース、ウミヘビなどによるショーが行われる部屋もあります。

★★沖縄のハブ★★

ハブはマムシと同じクサリヘビ科の蛇で猛毒を持っています。日本では南西諸島にのみ生息し、沖縄にはハブ、サキシマハブ、ヒメハブの三種類のハブがいます。とくに見た目の色の違いから金ハブ、銀ハブとよぶことや、生息している島によっても呼び分けることもあるそうです。とくに金ハブは沖縄に生息するハブの中で最強のものとされています。奄美大島のハブは沖縄本島に比較して文様が大きく、徳之島のハブと比較して黄色が強いようです。

世界遺産　斎場御嶽《せいふぁーうたき》

▽沖縄県南城市知念

沖縄南部の知念半島先端近くの、海に突き出した台地上に位置しています。琉球最高の霊地とされ、阿摩美久が国始めに造った七つの御嶽の一つと伝えられています。一六七五年まで国王の参拝が続けられていま

斎場御嶽のガイダンス施設

したが、一六七七年からは王国の最高位の女官である聞得大君《きこえおおきみ》の就任儀式が斎場御嶽で行われるようになりました。なお知念間切は初代以来、聞得大君の知行地とされます。また斎場御嶽は常人が御門口までしか近づけない禁足地でした。御嶽内には大庫理《ウフグーイ》、寄満《ユインチ》、三庫理《サングーイ》と呼ばれる拝所が設けられ、それらは石畳の道で結ばれています。

✽八重瀬《やえせ》町立具志頭《ぐしかみ》歴史民俗資料館

▽沖縄県島尻郡八重瀬町具志頭三五二

八重瀬町は二〇〇六（平成一八）年一月一日に旧東風平《こちんだ》町と具志頭村が合併してできた新しい町です。旧具志頭村には旧石器時代の人骨（港川人）が検出されたことで知られる港川フィッシャー遺跡があります。このこともあり、具志頭村では二〇〇一年に歴史民俗資料館を設置しており、町村合併後に現在の歴史民俗資料館となりました。

資料館は二階建てで、道路沿いの階段を上って資料館の横の通路を進むと、奥に事務室があります。ここで入館料を支払って右に進むと展示室があります。展示室は、一階が明治時代の沖縄における自由民権運動の指導者であった旧東風平村出身の謝花《じゃはな》昇に関する展示と、八重瀬町出身の著名人に関する展示が行なわれています。二階の展示室では港川人に関する展示を中心として、考古、歴史、民俗資料が展示され、八重瀬町の歴史や文化の概略が紹介されています。

八重瀬町立具志頭歴史民俗資料館

✻沖縄県平和祈念資料館

▽沖縄県糸満市摩文仁六一四―一

糸満市にある沖縄県平和記念公園の一角に建つ「平和の礎《いしじ》」の碑群を一望する丘の上に、沖縄の伝統的な円弧形の赤瓦を葺いた二階建の建物があります。これが沖縄県平和祈念資料館です。一九四五（昭和二〇）年三月の激しい戦いを体験した沖縄の心の原点について、館の『総合案内』には次のように書かれています。

「沖縄の心とは人間の尊厳を何よりも重く見て、戦争につながる一切の行為を否定し、平和を求め、人間性の発露である文化をこよなく愛する心であります。私たちは戦争の犠牲になった多くの霊を弔い、沖縄戦の歴史的教訓を正しく次代に伝え、全世界の人々に私たちの心を訴え、もって恒久平和の樹立に寄与するため、ここに県民個々の戦争体験を結集して、沖縄県平和祈念館を設立いたします」

こうした理念に沿って展示は行われています。

常設展示室は二階に設けられ、「沖縄戦への道」「鉄の暴風」「地獄の戦場」「証言」「太平洋の要石」のテーマごとに展示が行われています。それぞれについて見ていきましょう。

「沖縄戦への道」では、明治政府による「琉球処分」の説明があります。日清・日露戦争を経て、第一次世界大戦後の世界恐慌下で砂糖価格の暴落を受けた沖縄の農民が困窮し、ソテツの実や幹まで食べるような状況になり、「ソテツ地獄」とも呼ばれたことが説明されています。さらに、一九三一（昭和六）年の満州事変以降、日中戦争、太

沖縄県平和祈念資料館

沖縄県平和記念公園

平和の礎

平洋戦争へと一五年におよぶ戦争の間、国策による移民、皇民化政策など沖縄の置かれた過酷な状況が写真パネルや資料で理解できます。

「鉄の暴風」では、日米両軍が繰り広げた沖縄戦の死闘の様子が語られています。軍民二〇数万人の死者を出した沖縄戦は約三ヵ月におよび、沖縄の風景を一変させてしまうほど凄まじいものでした。ここではジオラマと大型スクリーンに投影される地域別の戦闘の様子を見ることができます。住民の犠牲に関する展示は凄惨そのものですが、忘れてはならない事実です。

「地獄の戦場」は、歴史を体験するゾーンのうちでも最もリアルな展示を展開しているところです。日本軍沖縄守備隊は首里決戦を避けて南部に撤退し、持久戦法をとります。やがて米軍の苛烈な掃討戦により南部一帯は軍民入り乱れた悲惨な戦場となっていきます。住民の避難場所として、あるいは野戦病院として使われた洞窟（ガマ）の様子がジオラマで示されています。

「証言」のコーナーでは、沖縄戦を体験した生存者からの証言を集めています。証言をまとめた冊子・書籍が置かれているほか、証言映像ブースでは映像による肉声の証言を聞くことができます。

「太平洋の要石」は、沖縄の戦後の歴史を扱ったコーナーです。収容所から始まり、やがて米ソ冷戦下で軍事基地として強化されていく沖縄の姿、住民の土地闘争、復帰運動などが語られ、基地の街の様子がパネルやジオラマで示されています。そして、沖縄の教訓は、平和の要石を通じて世界に発信されると結んでいます。

一階は、未来を展望するゾーンとして、「世界の子ども」「いま、世界で何が」「平和を世界に」というテーマの展示が行われていました。「世界の子ども」のコーナーでは、ドイツ、スイス、パキスタン、インド、ザンビア、ボリビア、ペルー、スウェーデンなどの民族衣装をまとった子どもと、メッセージのパネルが展示されています。「いま、世界で何が」では、やまない戦争・紛争、なくならない貧困、人権という世界を取り巻く問題が提示されています。「平和を世界に」では、平和運動に参加しようという呼びかけが示されています。

平和祈念館の前方には、沖縄戦で亡くなられたすべての方々の氏名が刻まれた碑「平和の礎《いしじ》」があります。一九三一（昭和六）年九月から一九四五（昭和二〇）年九月までに県内外で戦争が原因で亡くなられた方を刻銘の対象としています。平和の礎は、亡くなられた方々の霊を慰めるとともに、今日平和を享受できる幸せと平和の尊さを再認識し、世界平和を祈念するという基本理念に基づいています。

✻沖縄平和祈念堂・美術館

▽沖縄県糸満市摩文仁四四八―二

一九七八（昭和五三）年一〇月一日、糸満市の沖縄県平和祈念公園の入口近くに沖縄平和祈念堂が設置されました。公園の中央口から入ってしばらく行くとエントランス広場に出ます。この広場左手の丘の上に祈念堂があり、長い階段をのぼらなければなりません。

この祈念堂は、日本人の戦争体験を普遍化して、沖縄を世界平和の拠点にとの趣旨に基づき、県民の浄財を集めて建設されました。

祈念堂内には全人類の平和の象徴として、高さ一二mの平和祈念像が安

沖縄平和祈念堂・美術館

高さ12mの平和祈念像

置されています。この仏像は、中央美術界で活躍していた沖縄出身の山田真山画伯が沖縄県民や国民の平和願望、戦没者追悼のシンボルとして製作したものです。

祈念堂内には、一九八一（昭和五六）年に、県内最初に開館した美術館があります。平和への願いをこめた「戦争と平和」と題する西村計雄画伯の三〇〇号の連作絵画二〇点が堂内を飾っています。第一作「沖縄に厚き思いを」で始まり、第二作「愛は海を越えて」と続き、最後の第二〇作は「あけもどろの花」です。

美の追求こそが平和を人々の心に訴えることができるとの考えから壁画制作が計画されたのですが、財政的な理由で計画が暗礁に乗り上げかけたとき、引き受けてくれたのが西村計雄画伯でした。西村画伯は明治四十二年北海道の生まれで、東京美術学校（現在の東京芸術大学）を卒業、文展特選の後、四十一歳のときにフランスに渡り制作活動を続けました。フランス芸術文化勲章、ベルギー国際展グランプリなどを受賞されています。当初は一八枚の作品でしたが、最終的には二〇枚の大作になりました。

また、祈念堂建設の趣旨に賛同した日本の画家からの寄贈作品も多数展示されています。

▽沖縄県糸満市摩文仁四四八—二

✻清《ちゅ》ら蝶《ちょう》園

沖縄平和祈念堂の左後ろにある温室です。ここは国内最大の蝶であるオオゴマダラの飼育施設です。こ

清ら蝶園

蝶の乱舞

の蝶のさなぎは金色で神秘的なものです。蝶の成育したものは羽根を広げると一三㎝にもなります。案内書には、「蝶はギリシャ語でプシュケ＝魂といいます。ここで飼育された蝶が戦没者を追悼し、世界平和を祈る使者として訪問者をやさしく迎え、無言のうちに命の大切さと平和の大切さを訴えます」とあります。

✽ひめゆり平和祈念資料館

▽沖縄県糸満市伊原六七一—一

ひめゆり平和祈念資料館は沖縄戦の際にひめゆり学徒隊として沖縄陸軍病院での看護活動の補助にあたった、旧沖縄県立師範学校女子部および併設校であった旧沖縄県立高等女学校の同窓会である、ひめゆり同窓会によって設置されました。沖縄陸軍病院第三外科の関係者が籠っていた伊原第三外科壕の隣に位置し、一九八九（平成元）年に開館しました。資料館の建物はかつての学校の建物を模して造られています。伊原第三外科壕の傍らには「ひめゆりの塔」として知られる慰霊碑があり、多くの人が訪れる観光地とも

ひめゆり平和祈念資料館

ひめゆりの塔

なっています。

その喧噪から離れ、資料館の中に入ると、右手に受付があります。チケットを購入して、ロビーから左に進むと多目的ホールがあり、ここでは、事前に依頼するとひめゆり平和祈念資料館とその活動を紹介する映像を見ることができます。また、伊原第三外科壕とさまざまな講座も行われているようです。

展示室は中庭を中心として時計回りに配置されており、第一展示室「ひめゆりの青春」、第二展示室「ひめゆりの戦場」、第三展示室「解散命令と死の彷徨」、第四展示室「鎮魂」、第五展示室「回想」、第六展示室「平和への広場」で構成されています。ひめゆり学徒隊については、多くの人々が映画やさまざまな出版物によってその存在を知っています。しかし、資料館の展示に触れると、改めてその実態が実感されることになります。展示室の壁に掲げられた若々しい少女たちの遺影やさまざまな資料は観覧者にさまざまな感慨を思い起こさせます。静かにゆっくりと観覧することをお薦めします。

沖縄本島中部の博物館

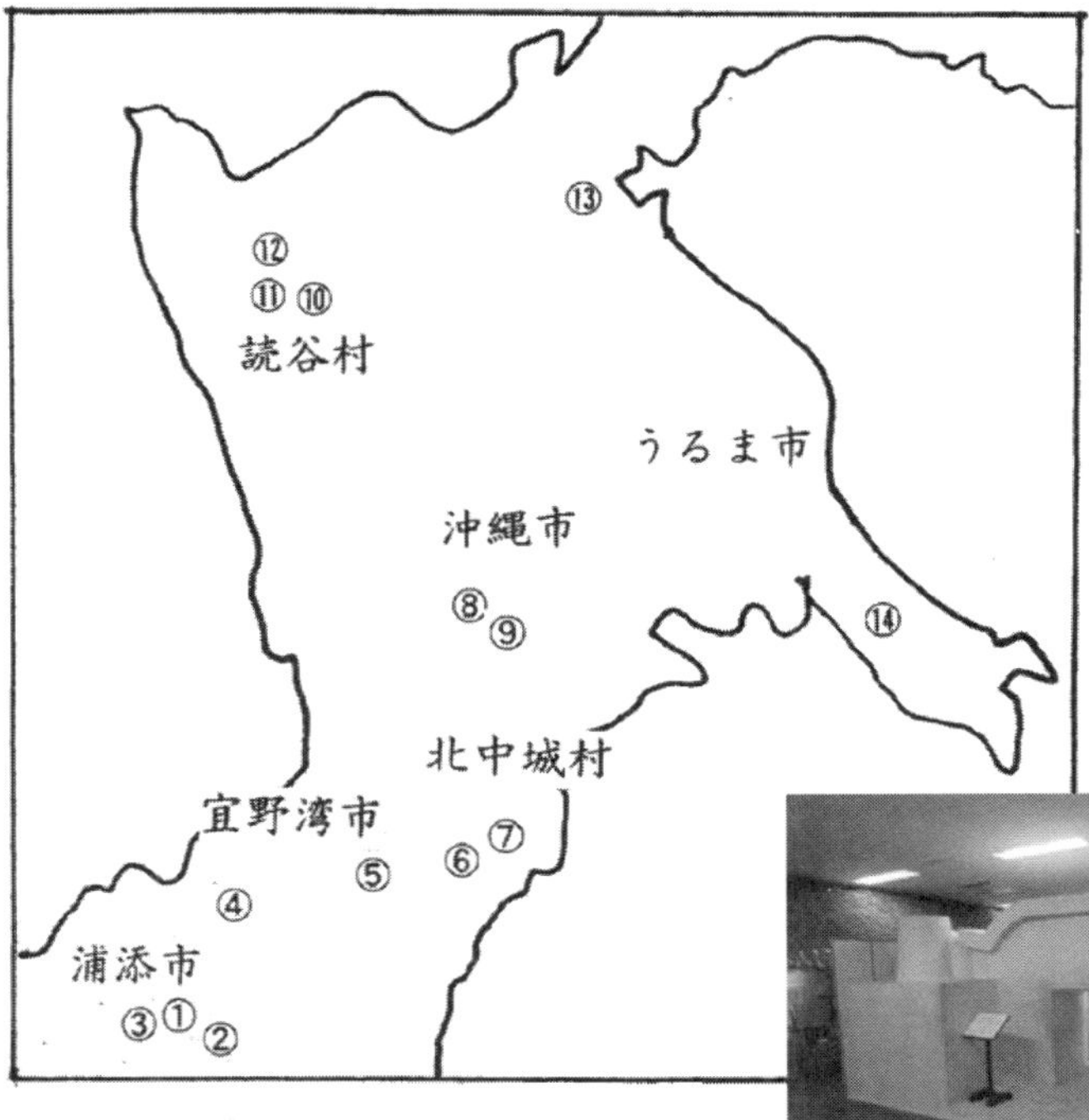

読谷村立歴史民俗資料館

①浦添グスク　②浦添グスクようどれ館
③浦添市美術館　④宜野湾市立博物館
⑤佐喜真美術館　⑥中城グスク
⑦中村家住宅　⑧沖縄市郷土博物館　⑨沖縄こども未来ゾーン・沖縄こどもの国
⑩読谷村立歴史民俗資料館　⑪読谷村立美術館　⑫座喜味グスク
⑬うるま市立石川歴史民俗資料館　⑭勝連グスク

沖縄本島中部（中頭《なかがみ》）には、浦添市《うらそえし》・宜野湾市《ぎのわんし》・うるま市・沖縄市・中城村・北中城村・北谷《ちゃたん》町《ちょう》・嘉手納町《かでなちょう》・読谷村《よみたんそん》の各自治体があります。
ここは米軍関連施設が集中する地域でもあります。

浦添グスク✾
浦添グスクようどれ館✾
浦添市美術館✾
宜野湾市立博物館✾
佐喜真美術館✾
中城グスク✾
中村家住宅✾
沖縄市郷土博物館✾
沖縄こども未来ゾーン・沖縄こどもの国✾
読谷村立歴史民俗資料館✾
読谷村立美術館✾

✾座喜味グスク
✾うるま市立石川歴史民俗資料館
✾勝連グスク

✻浦添《うらそえ》グスク

▽沖縄県浦添市仲間二

浦添グスクは、伝説によると舜天王統、英祖王統、察度王統の居城であり、第一尚氏王統によって首里城に首都が移されると廃墟となったと考えられています。東西三八〇m、南北六〇〜八〇mの連郭式の城であり、築造年代は不明とされていますが、一三世紀とする説もあります。崖下には英祖王統と尚寧の墓である浦添ようどれが築造されています。

琉球の伝承によれば、察度が一三四九年浦添按司となり、中国の明との朝貢貿易を開始して琉球国繁栄の基礎を作りました。これを裏付けるように城跡からは中国青磁や元の染付など、一四世紀後半頃の陶磁器を中心とする遺物が発見されています。察度王は一三九三年には瓦葺の高楼を建設しています。このことは、出土した「癸酉年高麗瓦匠造」の刻銘のある瓦と関係するかもしれません。察度王の跡を継いだ武寧王は一四〇六年に第一尚氏尚巴志によって滅ぼされます。その後、浦添グスクの建物等は第二尚氏王統に引き継がれたとされています。しかし、薩摩藩の侵入によって一六〇九年にそれらは焼亡しました。

浦添グスク

整備された浦添ようどれ

✻浦添グスクようどれ館

▽沖縄県浦添市仲間二―五三―一

「ようどれ」とは、浦添グスクの北側の崖面中腹部分に位置する英祖王統と尚寧の陵墓です。この陵の内部を実物に即してジオラマ再現した施設が浦添ようどれ館です。

陵墓は東室と西室があり、東側が尚寧王陵、西側は英祖王陵です。後者には三基の建物の形をした石製の厨子が置かれています。側面には仏像や蓮の花などの浮彫の彫刻が見られます。これらは沖縄における最古の仏教彫刻と考えられています。三基の厨子のうち一回り大きい中央の厨子の彫刻は中国泉州地域の石彫様式と共通する点が多いようです。なお、これら石厨子が造られた年代は一五世紀前半頃と考えられ

浦添ようどれ

浦添ようどれ館

仏像や蓮の花などの浮彫の彫刻

ています。各厨子内からは多くの人骨が確認されていますが、三号厨子では布にくるまれた人骨が確認されています。その布には白や黄色の糸で格子状に織られたものも見られ、王族が手厚く葬られていたことがうかがわれます。なおこの布の年代は一五世紀頃で、沖縄で確認された最古の布です。

✽浦添市美術館

▽沖縄県浦添市仲間一―九―二

浦添市は那覇市北隣に位置します。人口一一万人を越える行政体ですが、那覇市から宜野湾市までほとんど同じような街並みが続くことから、どこからどこまでが浦添市なのかわかりづらい市でもあります。那覇市内から宜野湾市に向けて国道三三〇号線バイパス道路を北上すると、右手に複数の茶褐色ドーム屋根を持つ建物群が見えてきます。ここが浦添市美術館です。美術館の入口は中央分離帯で仕切られたバイパス道路に面しており、公共交通機関を利用して訪ねるにはやや不便な場所にあります。

浦添市美術館は琉球漆器に特化した美術館として、一九九〇（平成二）年に開館しました。

美術館へのアプローチは国道三三〇号線バイパス道路側から入る方法と、隣接する浦添市（市民会館）てだこホール側から入る方法があります。美術館の正面入口から入ると左手に受付カウンターがあり、その傍らにはミュージアムショップがあります。入口の真正面は講堂です。建物は中央の広場を挟んで回廊状に廻る構造になっています。

浦添市美術館

展示室は右手に進んだ回廊の先にあり、突き当たりに企画展示室が三室、さらにそこから右に折れた先が常設展示室です。

常設展示室は五室に分かれており、展示室の入口に代表的な琉球漆器が置かれています。左右どちらからも展示室を一回りすることができ、琉球漆器の歴史や技法についての解説とともに、それぞれの特徴を示す資料を見ることができます。展示資料は折々に入れ替えられているようです。展示をみると、琉球漆器の技術が細かい細工を施すものから、次第におおらかな漆絵を描くものへと展開していく様子がうかがえます。常設展示室はそれほど広くはないため、まず一巡りした後で、もう一度ゆっくりと展示された漆器の一つ一つを見るのがよいかもしれません。

なお、企画展示室は基本的にギャラリー的な使い方をしており、いろいろな展覧会や企画展が開催されています。これらの年間企画に合わせて、館主催の連続講座も行われています。

▽沖縄県宜野湾市真志喜一―二五―一

✾宜野湾《ぎのわん》市立博物館

宜野湾市立博物館は宜野湾市の西側にある森の川公園の一角に設けられています。森の川公園は琉球中山王であった察度王にまつわる伝説の舞台です。森の川公園の中には「森の川（ムイヌカー）」と呼ばれる湧水がありますが、伝説ではここで天女が水浴びをしている隙に、奥間大親《ウクマウフヤ》という人物が天女の羽衣を隠し、天に帰れなくなった天女を連れ帰り、結ばれて生まれた子供が察度王になりました。このことから、宜野湾市立博物館のイメージキャラクターは「天女ちゃん」と「察度くん」になっています。このキャラクターのステンドグラスのちょうど真下の床にかつてこの地域を走っていた県営鉄道の台車が展示されています。この鉄道は軽便《けいべん》鉄道と呼ばれたものでした。

軽便鉄道の台車

宜野湾市立博物館

沖縄にも鉄道が走っていた時代がありました。本土の国鉄（現在のＪＲ）の線路幅は一〇六・七㎝で狭軌とよばれ、世界的にも狭いとされていますが、軽便鉄道（地元ではケービン）とも呼ばれた沖縄県営鉄道はさらに狭く、線路幅は七六㎝しかありません。小型の汽車が走っていたのです。宜野湾市立博物館に展示されている台車は大山駅付近の建設工事現場から、一九八一（昭和五六）年七月に発見されたもので、このようにほぼ完全な形で見つかったのは初めてでした。

博物館は普天間基地が広がる段丘の下に位置しており、道路から敷地内を見ると、八角形の建物が目に入ります。これに沿って右側に進むと博物館の入口です。正面に事務室があり、左側に先ほど見えた八角形の建物を利用した常設展示室、右側に企画展示室と二階へ上がる階段があります。二階には図書室と講座室があります。

一階の常設展示室にはエントランスに市内の遺跡から発掘された人骨資料が置かれ、人類の進化と世界各地への拡散を示す壁面展示があります。八角形の展示室中央には宜野湾市の地形模型が置かれており、市の中央に米軍普天間飛行場が広がっていることが一目でわかるようになっています。展示室は時間軸に沿って時計回りに進む歴史情報展示になっており、宜野湾市域の歩みの概略を知ることができます。また、映像資料を含む展示資料の中には観覧者が触ることによって動く仕組みがいくつか採用されています。

しかし、博物館の開館が一九九九（平成一一）年であったため、展示室情

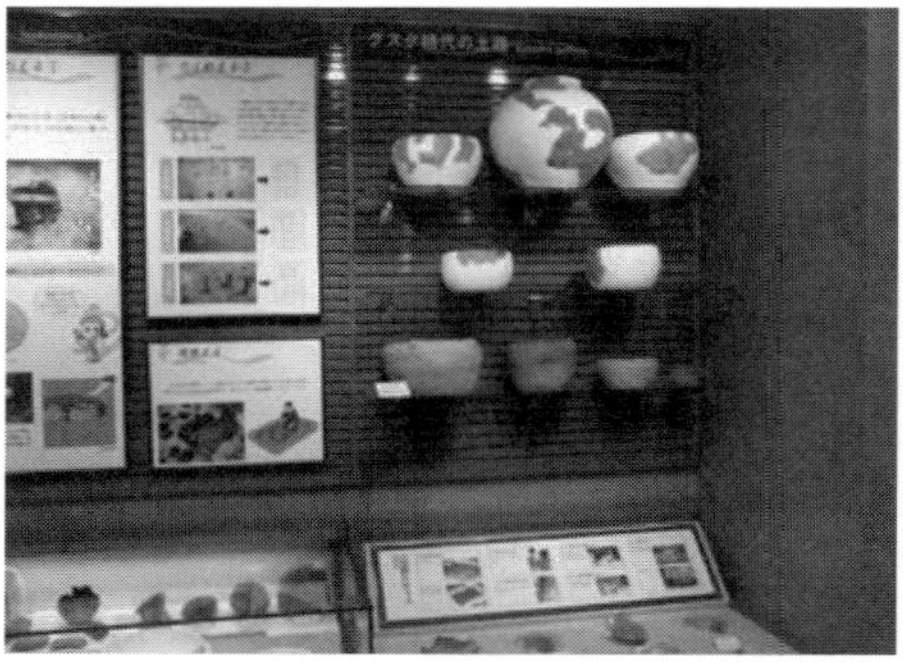

考古資料の展示

地形模型を中心とした展示室

報の更新が必要な部分も見られます。博物館側の動きに期待したいところです。

企画展示室では、宜野湾市に関わるさまざまな企画展示が行われています。パネルや実物資料を多く使用した展示は手作り感に溢れる構成となっています。

ところで、ロビーには住民票などの行政証明書が発行できる機器が設置されています。これは宜野湾市のほぼ中央に普天間飛行場があり、博物館の周辺から市の東北端にある市役所へ行くには、普天間飛行場の周囲を迂回して行かなければならない住民のために設置されたものです。博物館への来館者の中にはこのサービスを受けるために訪れる市民も多く含まれています。米軍基地のある宜野湾市の特徴でもありますが、博物館の機能としてこのような住民サービスの提供も必要かもしれません。

✿佐喜真《さきま》美術館

▽沖縄県宜野湾市上原三五八

佐喜真美術館は宜野湾市の中央部に位置する米軍普天間飛行場を見下ろす丘陵上に建てられた私営の美術館です。普天間飛行場のフェンスに沿った道を入り、美術館の前に出ると、コンクリートの円柱で支えられた横長の庇を持つ美術館の建物が見えます。通路に沿って庇の下に入り、ドアを開けると受付カウンターがあります。受付カウンターの前はやや広めのエントランスロビーとなっており、壁際に紅型《びんがた》の着物が掛けられています。良くみると紅型で描かれた模様は伝統的な図柄ではなく、武器・武具類を図案化したものです。これを見た瞬間から、この美術館がどのような思いの下に設置されたかを考えることになります。

　展示室は常設室と企画展室に分かれています。常設室には丸木位里・俊夫妻の作品である「沖縄戦の図」の連作が壁面全体に掲げられています。丸木夫妻は「原爆の図」や「水俣の図」などを手がけた作家です。自らの作品である「沖縄戦の図」を沖縄におきたいという御夫妻の願いに応え、この美術館の館長が普天間基地として接収されていた土地の一部の返還を受け、美術館を設置したことはよく知られています。常設室ではじっくりと「沖縄戦の図」を鑑賞して下さい。沖縄戦で起こったこと、沖縄にとって沖縄戦とはどのような戦闘であったのか、見る者に訴えかけてくるものがあります。

　企画展室では美術館が収集した作品の他、館長の思い入れのある作家の作品展が開かれています。展示室を出ると、屋上へ上る野外階段があります。階段は意識的に六段と二三段に分けて作られています。これは沖縄慰霊の日である六月二三日にちなんだもので、屋上への階段の突き当たりの壁に穿たれた孔の方向は六月二三日に太陽が沈む方向に向けられています。この屋上からは普天間飛行場が見渡せます。

　佐喜真美術館は館長や丸木夫妻の思いや願いを静かに受け止める美術館です。

佐喜真美術館

世界遺産

中城《なかぐすく》グスク

▽沖縄県中頭郡北中城村・中城村

沖縄中部の中城湾を見下ろす標高一〇〇m前後の石灰岩台地上に位置する城です。一五世紀に武将護佐丸によって築城されました。

城の東南部は絶壁で自然の要塞となっています。一の郭を中心とし、東北側に二の郭、三の郭、西側に西の郭があります。このうち一の郭は最も広く、かつ高所に位置しており、大半が石積の城壁で構成されています。この郭の東南隅は観月台と呼ばれ、遠く勝連城、知念半島や海岸線を一望できる景勝地となっています。

中城グスク

✽中村家住宅

▽沖縄県中頭郡北中城村大城一〇六

中村家住宅は、沖縄本島中部北中城村の古い集落である大城地区に残る三〇〇年ほど前の民家です。幸いに沖縄戦の戦火を免れた建物は、かつての村役人（地頭）宅の住居構造を今日に伝えています。沖縄は台風に見舞われることが多く、古い民家の多くは周囲を琉球石灰岩の石垣や生け垣で取り囲んで、台風の暴風から家屋を護る構造となっています。中村家も同様で、周囲を石垣が取り囲んでおり、南側石垣の一部に設けられた門から入ると、正面に石垣積みの障壁《ヒンプン》に突き当たります。これは風水思想に基づく沖縄家屋の魔除けで、門から一直線に入ってくる魔物を避ける構造物です。ヒンプンを回って中庭に入ると正面に母屋《ウフヤ》、右手に琉球王府の役人が宿泊する際に用いたとされる離れ座敷《アシャギ》、左手に高倉（籾倉）があります。左手の高倉の裏に井戸があり、さらに井戸の奥手に畜舎兼用の納屋《メーヌヤー》と豚便所《フール》が配されています。

中村家住宅

沖縄の家屋建材はイヌマキ（チャーギ）を使うことが多く、屋根には赤瓦が葺かれ、白い漆喰で周囲を塗り固めています。間取りは正面右側から左側に向かって一番座、二番座、三番座となり、それぞれの背後には裏座が設けられています。中村家の場合、三番座の左に居間が設けられ、さらにその左側が台所となっていますが、これほどの広い居間は富裕な村役人の居宅であったからこそできたことです。建物の構造や規模、配置、さらには中庭の石敷など、沖縄の村役人の屋敷の佇まいを感じることができます。

なお、中村家が残る北中城村大城地区は地元住民の集落活動が盛んで、地区内に花卉を植える「花咲か爺の会」など、さまざまな実践活動が行われています。中村家とともに大城地区内を散策してみるのもお勧めです。

✽沖縄市郷土博物館

▽沖縄県沖縄市上地二―一九―六

沖縄市郷土博物館は沖縄市の繁華街に近いところにあります。三階建ての建物の一階は駐車場、二階は図書館として使用されている複合施設です。

エレベーターを利用して三階の博物館に上がると、左側に事務室があり、右側に展示室が並んでいます。展示室は二つあり、第一展示室では沖縄市の歴史や文化について、第二展示室では沖縄市の地形や地質と市内にすむ昆虫や河川、海辺の生き物についての展示があります。

沖縄市は一九七四（昭和四九）年に旧コザ市と美里村が合併してできた行政体です。沖縄市と嘉手納町、読谷村、北谷町にまたがる広大な地域に東洋最大の米空軍基地、嘉手納基地があります。嘉手納基地の前身は旧日本軍が建設した沖縄中飛行場ですが、飛行場が建設される前、この地域は広大な耕地と山林が広がる田園地帯でした。旧日本軍沖縄中飛行場を接収した米軍はこれを拡充して嘉手納基地を作り上げていきます。そして周辺には地元住民の収容所が設けられ、接収された飛行場地域内の住民をはじめ多くの人々が集まりました。この戦後の収容所の設置と米軍基地の拡充を契機として形成された街が、旧コザ市、そして現在の沖縄市に繋がります。

沖縄市とその周辺には嘉手納基地を含めた多くの米軍施設が集中していることから、米軍基地の存在によって市の趨勢が大きく左右されてきました。現在でも沖縄市には経済、社会、文化など多くの面で、米軍の影響が漂っており、沖縄市郷土博物館ではそのような沖縄市のあり様をかいま見ることができます。

✻沖縄こども未来ゾーン・沖縄こどもの国

▽沖縄県沖縄市胡屋五―七―一

沖縄市の中心地からやや東に寄った石灰岩丘陵の斜面とその下の低地を利用して設けられています。沖縄市は沖縄本島の中部に位置し、市域の西側は米軍嘉手納飛行場に接収されています。このこともあり、沖縄市の町並みは市域の東側を中心に発展しました。しかし、沖縄市を含む沖縄本島では西側がなだらかな傾斜をもって海岸線に至るのに対して、東側は急峻な断崖が多い特徴をもっています。沖縄こども未来ゾーン・沖縄こどもの国はこの断崖と斜面、その下の低地に設けられた池をうまく利用して、動物園や遊園地、参加体験型の子供向けワンダーミュージアムを配置しています。

もともとは一九七二（昭和四七）年の沖縄の本土復帰記念事業の一つとして設置された動物園と遊園地

沖縄こども未来ゾーン・沖縄こどもの国

からなる「沖縄こどもの国」でしたが、経営悪化のため一時期閉鎖されていました。現在の「沖縄こどもの国」は二〇〇四（平成一六）年に財団法人化した沖縄こども未来ゾーン運営財団が、動物園と子供たちの自然科学への関心を引き出すことを目的としたワンダー・ミュージアムの二つを設置して再開した施設です。

動物園は日本最南端の動物園であり、ライオンやカバなどの大型獣や鳥類、爬虫類など、一〇〇種以上の動物を飼育しています。園内にふれあい広場を設けており、観覧者に動物と接してもらう試みを積極的に行っています。また、二〇一三年三月には動物園で飼育している沖縄の在来馬が参加した競馬（ンマハラセー）が行われ、多くの人々の注目を集めました。競馬といっても、早さを競うのではなく、人と馬が一体となった足並みや走る姿の美しさを競う競技です。今後も開催される予定ですので、開催時期に合わせて動物園を訪れるのもよいと思います。

ワンダー・ミュージアムは見たりさわったりすることを中心とした参加型の展示を中心にしています。工作や作業を行なう体験ワークショップも行っています。沖縄にはこどもを対象とした博物館はほとんどなく、米軍関係者の家族も含めて多くの人々が利用しているようです。

✿読谷村《よみたんそん》立歴史民俗資料館

▽沖縄県中頭郡読谷村座喜味七〇八―六

南北に細長い沖縄本島は中央付近で「く」の字形に折れ曲がった形を呈しています。この折れ曲がった

読谷村立歴史民俗資料館

部分の先端が残波岬で、残波岬を含む一帯が読谷村です。読谷村は二〇一四（平成二六）年一月一日に、日本で一番人口の多い村になりました。その点では日本の市町村の中では最も活力のある村といえるかもしれません。

読谷村の西側には珊瑚礁が発達した海岸砂丘があり、ここから東側に向けて数段の段丘が重なって高さを増していきます。この段丘上の平地を利用して、旧日本軍は沖縄北飛行場を建設していました（現在の米軍嘉手納飛行場は沖縄中飛行場、那覇空港は旧日本海軍小禄飛行場を整備、拡張した飛行場です）。沖縄戦後、沖縄北飛行場は米軍に接収され、その後、一部が返還されましたが、現在でも一帯は米軍によるパラシュート落下訓練施設として利用されています。飛行場跡地の返還地域には読谷村役場などの施設が建設されつつありますが、その周辺には飛行機を格納していた掩体壕など、旧日本軍が設置した構築物がいくつか残っています。

この読谷村中央の平坦な段丘の北側に小高い丘陵があり、丘陵頂部には座喜味《ざきみ》グスクがあります。座喜味グスクは沖縄の歴史物語に出てくる武将として有名な護佐丸という人物によって一五世紀前半に築造されたと伝えられ、ユネスコ世界文化遺産『琉球王国のグスクおよび関連遺跡群』の一つに登録されています。

読谷村立歴史民俗資料館はこの座喜味グスクの麓にあり、建物内部に設けられた渡り廊下で読谷村立美術館と連結しています。歴史民俗資料館の開館は一九七五（昭和五〇）年で、県内の博物館施設としては比較的長い歴史を持っています。読谷村内から収集された農具や農工具などの民具や考古資料、葬送儀礼に伴う民俗資料、地元の伝統工芸品である「読谷山花織《ゆんたんざはなうり》」に関する資料などが展示されています。

「読谷山花織」は平織りの布地の中に色糸を用いて、赤、黄、白、緑などの絣文様や幾何学文様を織り出す技法で、一五世紀頃から始まったとされています。明治期以降にいったん廃絶しましたが、一九六〇年代にその技法を復活させ、現在では読谷村の郷土産物にまで発展させてきました。展示室には織機やその技法を示す製品が展示されています。

また、展示室の一角には沖縄のお墓である亀甲墓の模型が設置され、普段ならば中へ入ることができない亀甲墓内部の様子を体験的に見ることができます。ちなみに亀甲墓模型の近くに置かれている渡具知木綿原遺跡で検出された石棺墓の模型は、弥生時代前期末相当段階のものです。ともにお墓ですが、亀甲墓は一七世紀以降に盛んとなるお墓の形態ですので、混同しないようにして下さい。

博物館ロビーの情報パネル

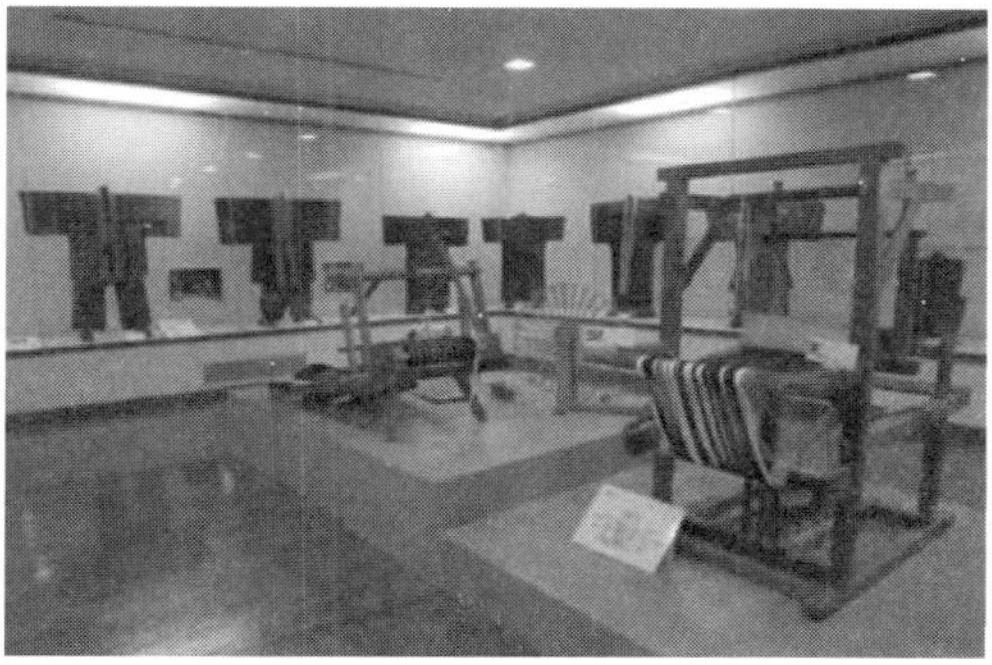

読谷山花織の展示

亀甲墓内部を復元した展示

この他、展示の中には座喜味グスクに関わる資料や、地元に残る古窯跡である喜名古窯跡から出土した資料などの考古学的調査資料が展示されています。喜名古窯跡は一七世紀前半（研究者によっては一六世紀末）に創設された焼締め陶器窯で、東南アジアのタイ産褐釉陶器に似た大型壺や、日本の備前焼に似た茶道具などを生産していたと考えられています。窯跡に対する発掘調査が終了していないため、詳細な内容はわかりませんが、比較的焼質のよい焼締め陶器を生産しており、一八世紀代まで操業していたと思われます。沖縄の陶器収集家の間では、評価の高い焼物であり、窯跡の完全な発掘調査が望まれるところです。

読谷村立歴史民俗資料館は開館当初から『年報』や『紀要』を刊行しており、『紀要』は二〇一三年の段階で三六号を数えます。この他、村内各地の遺跡の調査報告書や資料館で行った企画展示の図録なども製作しています。関心のある方は受付で入手することもできます。のぞいてみて下さい。

✿読谷村《よみたんそん》立美術館

▽沖縄県中頭郡読谷村座喜味七〇八―六

読谷村立歴史民俗資料館に隣接して設置された施設で、開館は一九九〇（平成二）年です。歴史民俗資料館の紹介でも取り上げましたが、読谷村では伝統的な工芸であった「読谷山花織」を復活させましたが、この他の試みとして「やちむんの里（焼物の里）」作りを進めています。これは村内に喜名古窯跡が存在したことにちなんでいますが、それに加えて沖縄の代表的な窯場であった那覇市内の壺屋地区で

読谷村立美術館

は、周辺の都市化によって薪窯による焼物の焼成ができなくなったため、読谷村が新たな窯場を求めた陶工たちの受け皿となる街づくりを目指したことから始まりました。村立美術館はこのような村内の工芸技術の伝承や文化的活動を行なう拠点として位置づけられています。

美術館の中は基本的にギャラリーとなっており、村内の伝統工芸や美術製作に携わる人々の作品を収集するとともに、これに関する企画展を行っています。ギャラリーは結構広く作られており、落ち着いた雰囲気の中で、展示品を鑑賞することができます。出入口は歴史民俗資料館と共用されているので、ゆっくりと双方の施設を観覧するとともに、背後の座喜味グスクに上ってみることをお薦めします。

▽沖縄県中頭郡読谷村座喜味

世界遺産 座喜味《ざきみ》グスク

座喜味集落の北端、標高一二七m前後の台地上に位置しています。この城は築城家として知られる護佐丸によって一五世紀初頭に築かれた城です。城は南北に二つの郭が連なる連郭式の形態です。城内の総面積は六八〇〇㎡前後で、この時期のグスクとしては中規模のものです。

中山王・尚巴志は一四二一年今帰仁城を攻めて攻略し、琉球王国を統一します。この攻略戦に参加した護佐丸は、この頃に座喜味に移動しました。築城にあたって領地内のみではなく、遠く奄美諸島の人々も徴用したと伝えられています。やがて護佐丸は一四四〇年に中城グスクへ移動し、中城グスクの増改築にあたったとされています。ちなみにこの座喜味グスクはのろしによる首里グスクへの緊急連絡が可能な最高の場所で、晴れた日には西側の海

座喜味グスク

に広がる島々が眺望されるという好環境でした。

✾うるま市立石川歴史民俗資料館

▽沖縄県うるま市石川曙二―一一―五五

うるま市立石川歴史民俗資料館

平成の市町村合併が奨励された二〇〇五（平成一七）年四月一日に、石川市、具志川市、勝連町、与那城町の四市町が合併してうるま市ができました。旧四市町は沖縄本島中部の東海岸に位置しており、うるま市立石川歴史民俗資料館は旧石川市が設置していた図書館と歴史民俗資料館の建物をそのまま新市の施設としたものです。

一九四五（昭和二〇）年三月末から七月にかけて、沖縄本島を中心とする地域で、米軍を中心とする連合国軍と日本軍の間の激しい攻防戦が繰り広げられました。この沖縄戦では、米軍軍人・軍属約一万人、日本軍軍人・軍属八万人とともに、一般住民約一五万人が犠牲となりました。一般住民数は当時の沖縄本島住民の約四分の一に相当します。沖縄戦によって、沖縄本島一般住民の四人に一人が亡くなったのです。

沖縄戦の際、日本軍沖縄守備隊（第三二軍）は沖縄本島の中南部を中心とした防衛陣地の構築を行っていました。これに対し、米軍は沖縄本島の中部西海岸に位置する読谷村の海岸から上陸し、沖縄本島を南北に二分した上で、南北への進攻を図りました。この際、現うるま市の周辺はいち早く米軍の支配下に入り、米軍の兵站拠点が作られることになりました。また、米軍は沖縄戦の進行とともに増加する一般住民や捕虜のための収容所を兵站拠点近くに設置したこともあり、うるま市周辺には多くの人が集まり、ここから戦後の沖縄復興の幕が上がりました。中でも、旧石川市には米軍が設置した沖縄民政府（後の琉球政

展示室

府、現在の沖縄県庁）が置かれ、戦後沖縄の政治・経済の中心となりました。うるま市歴史民俗資料館はこのような旧石川市の歩みをテーマとして設置されています。

展示室に入ると、中央にテントが張られています。沖縄戦によって焼け野原となった戦後の沖縄では、家屋を立てる建築材料が不足したことから、わずかな木材と沖縄戦の際に米軍が使用していたテントを再利用して仮設住居を作ったのです。このほか、戦後沖縄の政治、教育、文化、芸能などに関する資料が展示され、戦後沖縄の歩みを身近に感じることができます。

また、沖縄を占領した米軍政府は、戦闘終結後間もない一九四五（昭和二〇）年八月三〇日に、米軍関係者の沖縄の歴史、文化に関する理解を深めることを目的として、旧石川市東恩納に米国軍政府立沖縄博物館を設置しました。この博物館は後に沖縄民政府に移管され、今日の沖縄県立博物館・美術館の前身となります。展示室内にはこの米軍政府立沖縄博物館に関する資料も展示されています。これらは沖縄の博物館の歩みを知る上で欠かせない資料です。

うるま市合併以降、資料館に配置されていた学芸員職の統廃合が行われるとともに、現在は合併後のうるま市域を対象とした展示に少しずつ模様替えを行っています。

世界遺産

勝連《かつれん》グスク

▽沖縄県うるま市勝連

沖縄本島中部の勝連半島に位置する東南東方向に築かれたグスクです。一三～一四世紀頃に造られ、一五世紀頃に修築工事が行われたと考えられています。とくに阿摩和利の時代が最盛期であったとされています。阿摩和利は一四五八年に、国王の重臣であった護佐丸の居城であった中城グスクを滅ぼした後、首里城を攻撃しましたが大敗し、滅亡したと伝えられています。

グスクは一の郭、二の郭、三の郭、四の郭、東の郭から構成され、それぞれの郭は段をなしています。北西から東南にほぼ直線状にのびる琉球石灰岩の台地を基盤として、巧みに自然地形を利用して構築されたグスクの面積は総計一一八六七㎡あります。

勝連グスク

沖縄本島北部の博物館

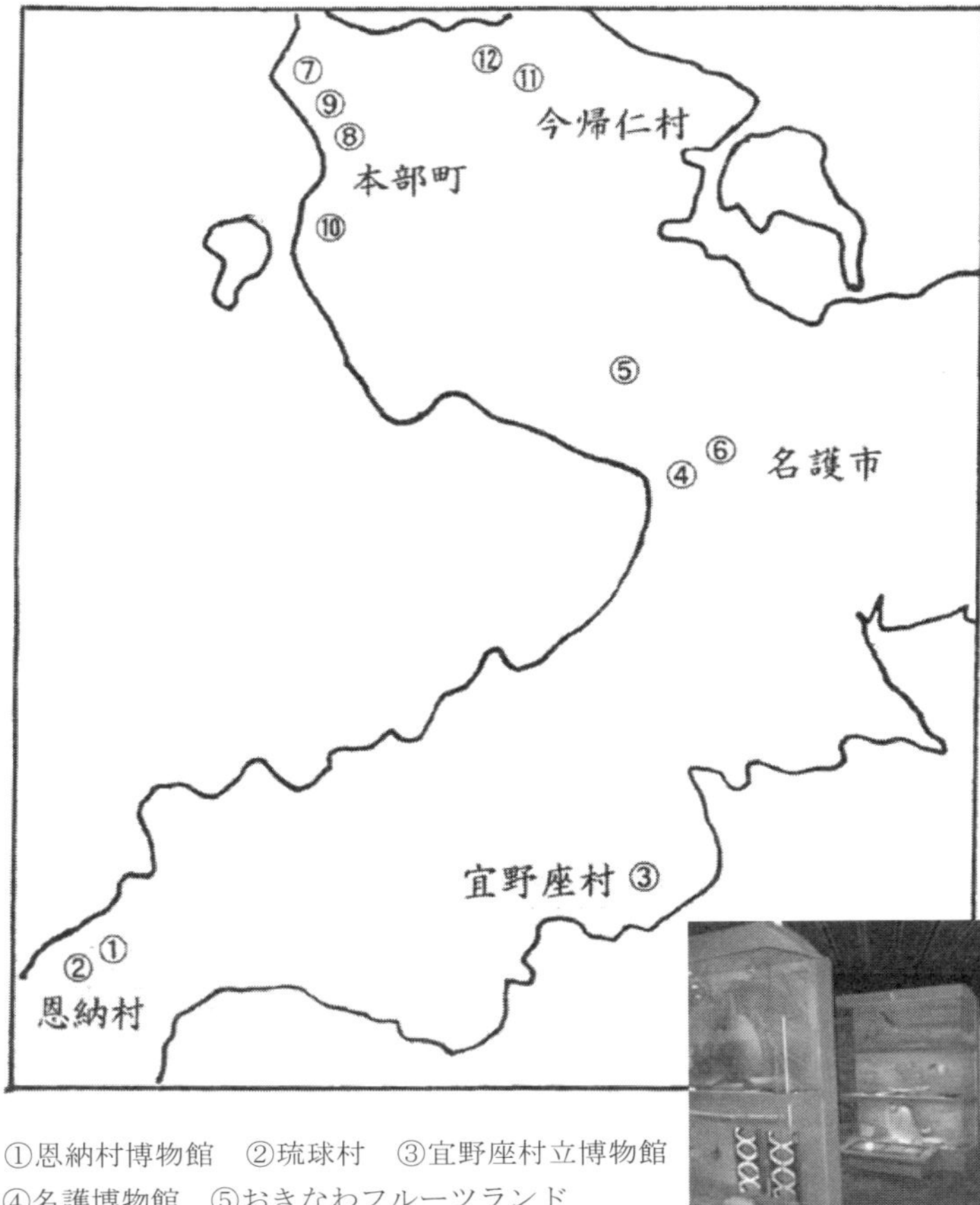

海洋文化館

①恩納村博物館　②琉球村　③宜野座村立博物館
④名護博物館　⑤おきなわフルーツランド
⑥オリオンビール工場　⑦美ら海水族館
⑧海洋文化館　⑨熱帯ドリームセンター
⑩本部町立博物館　⑪今帰仁村歴史文化センター
⑫今帰仁グスク

沖縄本島北部（国頭《くにがみ》・山原《やんばる》）には、名護市・恩納村《おんなそん》・金武町《きんちょう》・宜野座村《ぎのざそん》・本部町《もとぶちょう》・今帰仁村《なきじんそん》・大宜見村《おおぎみそん》・東村《ひがしむら》・国頭村《くにがみそん》の各自治体があります。ここは、豊かな自然が残っているところで、リゾート地として大変人気のある地域です。

恩納村博物館✾　✾今帰仁村歴史文化センター

琉球村✾　✾今帰仁グスク

宜野座村立博物館✾

名護博物館✾

おきなわフルーツランド✾

オリオンビール工場✾

海洋博記念公園美ら海水族館✾

海洋文化館✾

海洋博記念公園熱帯ドリームセンター✾

本部町立博物館✾

✤恩納村《おんなそん》博物館

▽沖縄県国頭郡恩納村仲泊一六五六―八

沖縄の本土復帰を契機として、一九七五（昭和五〇）年に沖縄海洋博覧会が開催されました。沖縄海洋博覧会の開催は沖縄本島内の道路や観光施設の拡充を図ることを念頭に置いたイベント計画でした。このため、沖縄海洋博覧会開催に先立って、主会場であった本部半島と県外から訪れる人々が利用する航空機や船舶の発着地となる那覇市とを結ぶ幹線道路の整備・拡幅が行われることになりました。当然、そのための道路計画地域内では新たな埋蔵文化財の発見があり、発掘調査が行われるとともに遺跡の保存運動が各地で起こりました。恩納村博物館が位置する仲泊でも同様で、海に突出した石灰岩丘陵の岩陰を利用した仲泊貝塚および関連遺跡が発見されると、保存運動は全県的な広がりを見せました。そして協議調整の結果、予定した道路を海岸寄りに迂回させる設計変更が行われ、遺跡の現地保存が図られています。

恩納村博物館はこのとき保存された仲泊貝塚の傍らに建設されました。博物館の建物から南を見ると、海に突き出した丘陵があり、その裾部に仲泊貝塚があります。博物館は仲泊貝塚を保存するために迂回した道路によって沖合を埋め立てられた旧海岸の部分に設けられています。博物館から仲泊貝塚までは数分の距離ですので、時間があれば散策してみるのもよいでしょう。

博物館は恩納村の歴史や民俗に関する展示を行っています。一階が村史編纂室などが入った事務室、二階が展示室になっています。展示室は「恩

恩納村博物館

納のくらし」と「恩納のみち」から構成されており、民具や考古資料を中心とした資料を並べるだけではなく、パネルや映像装置を使って観覧者の関心を引きつけようとしています。

恩納村は沖縄本島西海岸の北部と中南部の境界に位置し、山が多い細長い行政体です。このため、人々の暮らしも海と山のどちらとも深く関わってきました。現在は、長い海岸線に沿って形成された珊瑚礁や砂浜を利用したリゾートホテルが軒を連ねており、人々の暮らしの有り様もずいぶんと変わってきました。しかし、リゾートホテルから一歩外に出ると、まだまだ日々の暮らしが残っています。リゾートホテルを訪れる際に、恩納村博物館でちょっと一服し、展示に見られる地元の人々の暮らしに目を向けてみることをお勧めします。

✼琉球村

▽沖縄県国頭郡恩納村山田

那覇市からヤンバルを目指して、国道五八号線沿いに沖縄本島西海岸を北上することにしましょう。あるいは北部から南部へ向かって南下する場合は、これと逆の景色の変化が見られると思って下さい。

道路の両脇に広がる浦添市キャンプ・キンザーや宜野湾市普天間飛行場、北谷町キャンプ桑江、そして嘉手納町嘉手納飛行場などの広大な米軍施設を横目に見ながら、読谷村に入ると次第に地形や植物が変わってきます。読谷村までは比較的緩やかな平坦地が続いたのに対して、読谷村を過ぎる頃から山並みが海岸線に迫り、海と山のコントラストが美しい風景が現れてきます。いよいよヤンバルへの入口です。この読谷村と

琉球村

その北に位置する恩納村の辺りは、沖縄本島中部と北部を分ける景観の変換点なのです。琉球村はちょうどどこに位置します。

琉球村は石灰岩からなる山の裾野に位置する平地を利用して作られた施設で、施設名のとおり、琉球王国時代の農村の暮らしや民俗芸能を体験することができるテーマパークです。一九八二(昭和五七)年に開園した約九五、〇〇〇㎡の敷地内には、一〇〇〜二〇〇年前の古民家や高倉、フール(豚の飼育場、かつ人の便所)などが移築されており、建物内でシーサー(沖縄の魔除け)作りなどの陶芸や機織り、紅型(染め物)などの体験ができます。また、園内には牛馬を利用したサータ車(サトウキビの圧搾機)も移築されており、その搾り汁から黒砂糖をつくる工程の一部も体験できます。このほか、海岸に打ち上げられた貝殻や枝サンゴ、琉球ガラスを使ったオブジェやアクセサリー作りもメニューとして用意されているようです。

基本的に観光客を対象とした施設のため、沖縄観光に訪れた団体や家族連れが多いようです。

琉球村のエントランスホール

❋ 宜野座村立博物館（ぎのざそん）

▽沖縄県国頭郡宜野座村宜野座二三二

宜野座村は「水と緑と太陽の里」をキャッチフレーズとする沖縄本島北部東海岸沿いの行政体です。しかし、村の後背に当たる山地帯のほとんどは米軍の演習林となっています。宜野座村立博物館は一九八〇年代から博物館建設に向けた資料収集を開始し、一九九四(平成六)年に開館しました。二つの常設展示室と企画展や特別展示のための展示室で構成されています。ロビーから展示室に入ると、第一展示室では村内遺跡で発掘された住居の復元を中心に、民具や民俗芸能関係資料が展示されています。第二展示室は戦前・戦後の混乱期を扱っており、戦後の収容所で亡くなった方々を埋葬した集団墓地に関する考古学的調査資料と移民関係の資料が展示され、宜野座に関する視聴覚資料も置かれています。

展示資料のほとんどは露出した状態で展示されており、宜野座村の歴史や文化の紹介を試みています。

✾名護《なご》博物館

▽沖縄県名護市東江一―八―一一

名護の街は沖縄本島から西北方向に突き出た本部半島の内懐に当たる位置にあります。プロ野球チーム

宜野座村立博物館

民具の展示

民俗芸能の展示

名護博物館

日本ハムファイターズのキャンプ地であることで御存じの方が多いかもしれません。また、近年では米海兵隊普天間基地の代替基地の候補地として取り沙汰されている辺野古地区も名護市にあります。

　名護博物館は市役所庁舎が新築移転するのに伴い、旧市庁舎の建物を利用して、一九八四（昭和五九）年に開館しました。L字形の二階建てで、一階中央は吹き抜けになっていて、その左側と二階が展示室になっています。展示テーマは「名護・やんばるの生活と自然」です。一階中央の吹き抜け部分にある事務室は何やらかつての駄菓子屋の店先に迷い込んだような雰囲気です。チケットを買い、一階左手の展示室に入ると民具や沖縄在来の農耕馬や家畜豚（アグー）などの剥製とともに多くの民具が展示され、沖縄本島北部地域の生活が紹介されています。資料は基本的に露出展示されているので、かなり近づいて覗き込むことができます。

　続いて、展示室脇の階段を上った二階の展示室には、天井からイルカやクジラの剥製、骨格標本が吊り下げられています。名護の海岸にはイルカやクジラが回遊してくることが多く、名護の人々はこれを捕獲して肉や油を取っていました。イルカやクジラは重要な海産資源だったのです。反捕鯨団体から見れば目を剥くような行為ですが、長い

1階展示室の入口

間続けられてきた生業活動の一つであり、そのための道具も展示されています。

二階の中央部分を通って反対側の展示室へ行くと、蛇や蝶などヤンバルの自然に生息する爬虫類や昆虫などの標本が展示されています。また、薬草を含む植物や名護市内で発掘された考古資料も展示されています。そこから一階へ降りたところはギャラリーになっていて、市民の作品発表会や博物館の企画展、講演会など多目的に利用されています。

名護博物館は市民参加による手作り活動を基本とした博物館作りを進めてきました。一階の事務室横にはテーブルと椅子が置かれ、観覧者だけでなく、ぶらりと立ち寄った人々もここで自由に歓談することができます。このような歓談の中から、いろいろな情報の共有化と博物館活動の活性化が育まれていくようです。

✿おきなわフルーツランド

▽沖縄県名護市為又一二二〇―七一

沖縄本島北部の名護市から本部半島へ向かうには、本部半島の北海岸もしくは南海岸沿いの道路、あるいは半島の中央部を横断する道路の三つがあります。このうち本部半島中央部を横断する道路を選ぶと、琉球の王族である第二尚氏の一族が農園を開いていた名護市伊豆味地区へ入ります。この影響もあり、一帯では観光フルーツ園がいくつか設けられ

展示室

おきなわフルーツランド

ています。おきなわフルーツランドもその一つです。

亜熱帯の果樹園およびインコなどの鳥類との触れ合いコーナー、あるいは蝶のゲージなどから構成されるテーマパークです。パパイヤやマンゴー、バナナなどがたわわに実った様子などは本土ではほとんど見られません。また鳥のゲージではクイナやサシバなど県の保護鳥を保護するコーナーもあります。これは、このフルーツランドが野生鳥獣の保護に取り組んでいることから設けられたものです。

また亜熱帯独特の色彩豊かな蝶の標本や、実際に放し飼いにされた蝶が乱舞するゲージ「やんばるの蝶と昆虫たち」も設置されています。ここでは卵から孵化させ、さなぎも展示しており、昆虫に興味のある子供たちが目を輝かせて見入っていました。またフルーツの樹木の育成に関するパネル展示も行われています。フルーツランドと銘打っているのですから、試食のコーナーもあり、パイナップルが出されています。食べ放題の所もあるようですが、健康のことを考えると食べ過ぎは禁物です。

近隣には、パイナップルパークややんばる亜熱帯園などのテーマパークもあります。

✿オリオンビール工場

▽沖縄県名護市東江二―二―一

オリオンビールは地元沖縄のビール製造会社です。本社は沖縄本島中部の浦添市にありますが、生産工場はビールの味を左右する湧水に恵まれた名護市東江に設けています。

沖縄戦終結後の沖縄は米軍の支配下に置かれたこともあって、アメリカのさまざまな精神文化、物質文化が流入し、沖縄の人々の生活に影響を与えていきました。ビールもその一つで、亜熱帯気候の中で涼を取るのに適したビールは地元の人々にも急速に広がっていきました。

これを受け、一九五七年に地元でのビール生産を行う会社としてオリオンビールが設けられました。オ

オリオンビール工場

オリオンビールの仕込釜

リオンビールのホームページによると、オリオンの由来は星座の「オリオン座」から採られました。これはオリオン座が南の星であり、沖縄のイメージに重なるとともに、星は人々の夢や憧れを象徴すること、また当時の沖縄を統治していた米軍の最高司令官の象徴が襟章の三ツ星であったことなどに由来するそうです。

地元産のビールであることに加え、日本復帰後は酒税の優遇措置が取られて、本土産ビールよりも割安であったこともあり、沖縄では圧倒的なシェアを持っています。最近ではアサヒビールと提携するとともに、日本本土や台湾など、アジア地域への販路拡大を目指しているようです。

入口で手続きをしたのち、インストラクターの女性の案内で工場に入ります。ビールの製造工程や材料などを詳しく説明してくれます。日頃は気にもとめずに飲んでいるビールがこれほど多くの製造工程を経て作られていることに驚きました。

発酵タンクはあまり大きなものではありません。また瓶詰め作業などはすべて機械化されています。見学が終わると試飲が待っています。ホップの効いた出来立てのビールを味わってみてください。

▽沖縄県国頭郡本部町石川四二四

✽沖縄美《ちゅ》ら海《うみ》水族館

沖縄本島の北西部に位置する本部半島備瀬崎付近を会場として、沖縄復帰記念事業であった沖縄国際海洋博覧会が開催されました（一九七五年七月二〇日～一九七六年一月一八日）。この博覧会に海洋生物館が出展され多くの人気を集めました。その後、跡地が整備され国営沖縄海洋博覧会記念公園となりました。また海洋生物館の施設を受け継ぎ、一九七九（昭和五四）年八月に水族館が開館しました。この水族館は施設の老朽化に伴い二〇〇二（平成一四）年八月三一日に閉館し、同年一一月一日に沖縄復帰三〇周年を記念して新たに美ら海水族館として開館しました。

斜面地形を利用して建てられた水族館は四階建、最大水量七五〇〇立方メートルの世界最大級の大水槽をはじめ七七槽の展示槽があります。飼育する海洋生物の数は七四一種、二一〇〇〇点にのぼります。「沖縄の海との出会い」のコンセプトによって、以下のような展示を展開しています。

山手側の四階の海人門から館内に入ると、「大海への誘い」のコーナーから展示が始まります。次に三階から二階にかけては「サンゴ礁への旅」がテーマです。ここではタッチプールで、イ

沖縄海洋博覧会記念公園

タッチプール

ノーの生物に触れ合うことができます。ちなみにイノーとは、沖縄の方言でサンゴ礁の浅瀬のことです。ここではサンゴ礁の浅瀬を再現し、アオヒトデ、クモガイ、スイジガイ、ニセクロナマコ、ナンジュウヒトデなど様々な形や色の生物に直接触れることができるので、子供たちの歓声が響いています。次は「サンゴの海」のコーナーです。ここでは世界初のオープンシステムによって生きたサンゴの大量飼育を行っています。太陽光線と新鮮な海水に育まれた約八〇〇群体の造礁サンゴの水槽は壮観です。

「熱帯魚の海」のコーナーには沖縄周辺に広がるサンゴ礁の海を忠実に再現した大規模な水槽があります。その中には赤、青、黄色、ピンク、黄緑、白などカラフルな個性的な熱帯魚が自然に近い状態で飼育されています。これらの魚はいずれも沖縄を代表するもので、至近距離で観察することができます。大型のハタの仲間のアーラミーバイ、メガメモチノウオ、タマカイ、オオテンジクザメはそれぞれ一ｍを超えるものです。イロブダイヤナンヨウブダイは、やや小さめですが五〇㎝を超えるものばかりです。

大きな水槽に慣れたころにやや小さめの水槽が続きます。「サンゴの海　個水槽」のコーナーでは、三〇の水槽で、マングローブ域の再現水槽やイセエビ類、クマノミ類をはじめ、ロクセンヤッコ、タテジマヤッコ、ワヌケヤッコ、タテジマキンチャクダイ、ハナゴイなど色彩豊かな生物を見ることができます。またタツノオトシゴやイボヤギ、ヨダレカケなどの生物も観察することができました。

「サンゴの部屋」は、サンゴ礁の成り立ちから、そこに生息する生物までを解説したコーナーで、サンゴ礁での危険な生物の紹介もあります。ハブクラゲは日本のクラゲの中でも最も強い毒を持つクラゲです。ウンバチイソギンチャクは、周囲に溶け込む色で目立たず海草にしか見えませんが、世界で最も危険なイソギンチャクと呼ばれています。このほかオニヒトデヤゴンズイ、タガヤサンミナシなどが紹介されています。磯遊びをする方にはしっかり見ていただきたいコーナーです。

「水辺の生き物」のコーナーでは、沖縄の川や池に住む淡水の在来種にスポットが当てられています。絶滅種や絶滅危惧種の紹介もあります。絶滅種としてはリュウキュウアユがあり、一九七〇年代後半に沖縄本島から姿を消しました。絶滅危惧種にはシリケンイモリ、メダカ、ヤシガニがあります。このほか在来種としてオオウナギさらに外来種としてミシシッピアカウミガメ、カワスズメが飼育されています。

ホホジロサメの剥製を通り過ぎると「サメ博士の部屋」のコーナーです。世界中で約四〇〇種類のサメが知られていますが、その生態は不明な部分が多いようです。ここではサメの顎の骨の標本一九種類、皮の標本一九種類、古代サメの顎の模型、サメの原寸大の輪切り模型などが展示されており、ここでサメについての知識を十分に蓄えて次に向かいましょう。

「黒潮の海」のコーナーでは、目の前に大きな水槽が出現します。ギネスブック公認の世界一の大アクリルパネルを用いた水槽です。最大全長一四ｍにもなるジンベイザメは魚類の最大種で世界の熱帯水域に生息しています。一九八二年にこの館が初めて飼育に成功し、世界的に注目されました。現在では国内の三館で飼育されていますが、三尾も見られるのはここだけです。現在飼育されているオスの「ジン

ジンベイザメの泳ぐ巨大水槽

ダ」は一九九五年からで、世界最長飼育記録を持っています。この水槽のもう一つの主役はマンタと呼ばれるエイ類の最大種であるイトマキエイです。体長五ｍにもなります。ほかにウシバナトビエイ、マダラトビエイ、ヒョウモンオトメエイ、ウシエイ、オグロオトメエイなどがいます。黒潮の海といえばマグロとカツオを忘れるわけにはいきません。ここではクロマグロ、キハダ、カツオをはじめギンガメアジ、ロウニンアジ、グルクマ、メアジ、カスミアジなどを見ることができます。

次は一階の「深海の海」のコーナーです。沖縄の周囲にはサンゴ礁があり、さらにその外側には深い海があります。このコーナーの生物はいずれも無人深海ロボットで採集された珍しい生物です。暗い深海に生きる生物の中には光を発するものも多くいます。たとえばヒカリキンメダイ、マルゴシミノエビなどです。また、宝石のような赤サンゴは装飾品としての需要から乱獲され大型の珊瑚類はほとんど見られなくなったようです。しかし館では資源保護の見地から、様々な研究がすすめられています。このほか、生きた化石と呼ばれるコシダカオキナエビスは長者貝とも呼ばれ、貝のコレクターに珍重されています。ここでは無人潜水艇で採集されたものを飼育展示しています。

最近、日本海沿岸で、深海に生息するダイオウイカやリュウグウノツカイなどの深海魚が捕獲され話題になっていますが、このコーナーにはこうした深海魚の生態を観察できる貴重な写真なども展示されています。このほかにも興味ある生物が多く飼育されており、関心のある方にとっては宝の山かもしれません。

最後のコーナーにはミュージアムショップ・ブルーマンタがあります。ここには館のオリジナルグッズ

イルカのハイジャンプ

がたくさんあります。なお、二〇一四年四月に、那覇市内の国際通りにアンテナショップが開設されました。

この水族館の建物の外には、ウミガメ館、マナティー館、オキちゃん劇場、イルカラグーンがあります。このうち、オキちゃん劇場ではバンドウイルカによるハイジャンプなどのショーが行われており、飼育チームの日々の努力の成果を見ることができます。なおマナティー館、オキちゃん劇場、ウミガメ館は入場料金は不要です。

✾海洋文化館

▽沖縄県国頭郡本部町石川

海洋博公園の中央ゲートを入ってすぐ左手が歴史文化エリアです。ここに、沖縄国際海洋博覧会の際に設置された、南太平洋、東南アジア、日本の人々と海との関わりをテーマとする博物館があります。

南太平洋の展示では、ニューギニア島を中心に多くの島々からなるメラネシアにまず注目します。ここでは島々が小さな社会を形成しており、祖先や自然の精霊を信仰する様々な想像力に富む芸術的な表現が行われています。とくにセピック地方の人々の間には人間の祖先が様々な動物から発達してきたという考えのもと、人間と動物の一体化が見られます。また祖先の像と呼ばれる木像には共同体の統合と統一をもたらす力が宿るとされて、崇められてきました。

南太平洋の暮しの展示では、サンゴ礁の漁師たちの釣りの手法を紹介し

海洋文化館

ています。また、海の通貨として用いられた子安貝、真珠貝、シャコ貝の貝殻も見ることができます。さらに運搬に用いられたクラ・カヌーと呼ばれるカヌーや、地域の伝統的な嗜好品であるビンロウヤシやココヤシ、日用品の籠や祭祀用の品々などが集められています。

次に、今から二〇〇〇年前まで石器時代の生活が行われていたといわれるポリネシアにスポットを当てています。彼らの祖先は東南アジアから太平洋の中部、東部へと向かう途中の島々に定住していったと考えられており、興味深い地域の一つです。このコーナーでは、ハワイで崇拝されている四つの神々のひとつである、戦いの神、クーの神像のレプリカを見ることができます。これはハワイのビショップ博物館から贈られたものです。そのほかポリネシア独特の着衣に用いられるカジやパンの木の樹皮を打ち延ばしたタ

島根県隠岐郡西ノ島町のお盆の行事で用いられる精霊船シャーラ船

トラジャ族の住居トコナン

バや、通信用の太鼓ガラムト、大型の運搬船のラカトイなど多数の資料が展示されています。

ミクロネシアのコーナーではパラオ、ヤップの文化が紹介されています。ここではマーシャル群島で伝統的に使用されたスティック・チャートと呼ばれる航海用の海図が注目されます。これは貝殻と棒を組み合わせて作られるものです。またヤップの島民の間で用いられた石貨があり、現在も一部で用いられていると記されています。

東南アジアのコーナーでは、文化の十字路とも呼ばれる複雑な民俗文化のある地域について紹介しています。中央セレベスの山岳地帯に居住するトラジャ族の住居トコナンが展示されています。これは竹を割った割竹を何重にも重ねて葺かれた巨大な船型の屋根と、色鮮やかな彩色を施した彫刻で囲まれた外壁に特徴があります。また「海の墓標」の展示には、フィリピン南方のスルー諸島の水上生活者たちがグループごとに墓の島を持っていたことを紹介しています。墓標はジュゴンや馬、船などのいろいろな形をしており華麗です。

日本のコーナーでは、島根県隠岐郡西ノ島町のお盆の行事で用いられる精霊船シャーラ船が置かれています。竹や木を骨組みに麦わらを用いて船体を作り、帆には色紙で造られた数多くの盆旗を結びつけたもので、集落ごとに造られ八月一六日の早朝に海に流されます。このほか大漁祝い着などが展示されています。

✽熱帯ドリームセンター

▽沖縄県国頭郡本部町石川

海洋博記念公園の一角に設置されている熱帯植物園を中心とする施設です。全体の面積は六ヘクタールあり、そのうちランの温室が一万四七八八㎡、ビクトリア温室が七八一㎡、果樹温室が一二六三㎡もある

熱帯ドリームセンター

円筒形の展望台

咲き誇るラン

広大な施設です。三ヵ所のラン温室では常時二〇〇〇株以上のランを展示しています。またパンダ温室では、パンダの紫色の大きな花が咲いていました。パンダとは、アジアの神秘とも呼ばれる大輪の美しい花を付ける典型的な着生ランです。むき出しの根は気根と呼ばれるもので、呼吸し、養分を吸収するため栽培にあたって植え込みの材料は不要です。ちなみにパンダはヒマラヤ、ミャンマーなどの高地に自生する中温性のものと赤道付近の島々に自生する高温性のものに分けられるそうです。

また、旧約聖書に記されたバベルの塔を思い起こさせる円筒形の展望台はユニークなものです。温室内の通路にはいくつかのトロピカルなフルーツが実を付けています。残念ながらシーズンを外していたのか、あまり多くのフルーツの実や花を見ることはできませんでしたが、ランをはじめとする沖縄の色彩豊かな花に癒されてここを出ました。

✿本部《もとぶ》町《ちょう》立博物館

▽沖縄県国頭郡本部町大浜八七四―一

一九七二（昭和四七）年五月一五日、太平洋戦争終結後、米軍が保持していた沖縄の施政権が日本政府に返還されました。これを一般に沖縄の本土復帰といいます。これを記念して、一九七五年に沖縄海洋博覧会が開催されましたが、その時の会場は本部町に設けられました。本部町は沖縄本島北部から西北側に突き出した本部半島の先端部にあります。沖合の海では鰹などの回遊魚を対象とする漁業が盛んで、本部港は鰹の水揚げ港として知られています。

第一展示室

本部港と海をはさんで瀬底島がありますが、この瀬底島に対面する大浜海岸が埋め立て造成されており、その中にドーム状の天井を持つ煉瓦色の建物があります。これが本部町立博物館です。平屋作りで、「本部の文化と自然」をテーマにした三つの展示室に区分されています。第一展示室は「本部の暮らしと文化」、第二展示室は「本部の海―サンゴ礁の生き物たち」、第三展示室は「本部の自然」で構成されています。

本部町立博物館

本部町立博物館は一九八二年に開館していますが、博物館学芸員など専任職員の固定配置がなされていなかったことから、しばらくは来館者の求めに応じて開館する体制を取っていました。その後、一時期はホームページを開設するなどの活動を行っていましたが、二〇一〇年以降は更新されていません。

✽今帰仁《なきじん》村《そん》歴史文化センター　▽沖縄県国頭郡今帰仁村今泊五一一〇

今帰仁と書いて、「なきじん」と仮名を振りますが、地元の人々の発音では「ナチヂン」です。今帰仁村歴史文化センターは、二〇〇〇（平成一二）年にユネスコ世界文化遺産『琉球王国のグスクおよび関連遺跡群』に登録された国指定史跡の一つである今帰仁グスクの隣にあります。このことが示すように、歴史文化センターは今帰仁村と今帰仁グスクを訪れる人々へのビジターセンター的な役割を果たすことを目的として、一九九五（平成七）年に開館しました。今帰仁グスク前の観光施設が入った入場券売り場では、今帰仁グスクと歴史文化センターの連結入場券を販売しています。

今帰仁村歴史文化センター

今帰仁グスクへの通路に向かって右側に今帰仁村歴史文化センターの正面出入口があります。しかし、センターの建物は斜面地形を利用して作られているため、この出入口は建物の三階になります。出入口と反対側の斜面下には文化センターの駐車場があります。出入口を入ると左手にチケットカウンターがあり、カウンターの奥は館長、学芸員が常駐する事務室となっています。カウンターではセンターで編集した『なきじん研究』などの刊行物が販売されています。

事務室を過ぎた左手が第一展示室です。「今帰仁の歴史」をテーマとし、今帰仁グスクの調査成果を中心とした展示があります。考古学に関心のない方は割れた陶磁器を接合し、足りないところは石膏で補填してある展示資料には何の面白味も感じないかもしれません。しかし、今帰仁グスクの変遷はこの陶磁器資料の分析に基づいて明らかにされました。陶磁器を見ながら、今帰仁グスクの歴史をたどってみてはいかがでしょうか。また、第一展示室には今帰仁の古いお墓に関する資料も展示されています。

第一展示室を出て、第二・三展示室がある二階へ降りる途中の踊り場からは、今帰仁グスクの眼下に広がる今泊集落の復元鳥瞰図が見えるように工夫されています。第二展示室と第三展示室は二階のフロアを区分した展示です。それぞれ「今帰仁のムラ・シマ」、「今帰仁の生活と文化」をテーマとしています。先の踊り場から見えた今泊集落の復元鳥瞰図は第二展示室のテーマに基づいて製作されたことがわかります。この鳥瞰図は昭和三〇（一九五〇）年代をモデルにしているとのことです。第二・三展示室には大量の陶器壺や甕、農具、生活用品、村落祭祀に用いる道具などが展示されています。沖縄の農漁村では現在も旧暦による祭祀や行事を行っていることが多く、展示の中でもこのような旧暦に基づいた人々の暮らしが紹介されています。

さて、今帰仁歴史文化センターの隣にある今帰仁グスクは、一四世紀後半から一五世紀前半にかけて、沖縄本島北部を支配下においた琉球北山王（あるいは山北王）の居城であったとされています。今帰仁村を含む沖縄本島北部は一般に「ヤンバル」と呼ばれますが、ヤンバルの人々にとって今帰仁グスクと北山王の存在は郷土意識の源泉となっています。

このような郷土意識は沖縄本島北部（ヤンバル）地域に止まらず、奄美諸島の沖之永良部島、与論島を含んで広がる北山文化圏の提唱に繋がっています。那覇を中心とする中山文化圏に対して、ヤンバルの人々は沖之永良部島や与論島を含めた地域を一つの文化圏として考える意識を持っているのです。今帰仁村歴史文化センターはその発信拠点施設の一つでもあり、北山文化圏の歴史や文化の研究に関する積極的な活動を行なっています。その内容をカウンターにある『なきじん研究』などの刊行物で確認してみるのもよいでしょう。

世界遺産　今帰仁《なきじん》グスク

▽沖縄県国頭郡今帰仁村今泊五一〇一

今帰仁村歴史文化センターを出て右に折れると、野外に設けられた今帰仁グスクの縮小模型があります。模型の先に曲線を描く石垣が見え、その中に城門（平郎門）が確認できます。ここが今帰仁グスクの出入口です。今帰仁グスクは中国の『明実録』に記録された琉球北山王の居城と考えられています。両側を谷に挟まれた丘陵の頂部に主郭を設け、海に向かって次第に低くなる丘陵の斜面地形を利用して、主郭を取り囲むように大きく三重の石垣を廻らし、内部を六つの郭に区分していたようです。

今帰仁グスク

今帰仁グスクは琉球政府時代の一九五五年に記念物、一九六二年に建造物の指定を受けた後、沖縄の施政権返還に伴って、一九七二（昭和四七）年五月一五日に国指定史跡となりました。史跡指定されたグスクの面積は七八八六八・五㎡もあります。一九七七・七八年に保存管理計画が策定され、一九八〇年からは発掘調査と石垣の修復を含む復元作業が進められています。

今帰仁グスクの石垣は、グスク内を含む周辺地域に露出した古生紀石灰岩を割り取って積み上げています。古生紀石灰岩は硬く、割れ方が一定ではないことから、今帰仁グスクの石積みは不定形の石材を用いた乱石積みになっています。先に見えた平郎門は石垣に開けられた門で、門の上には物見台の建物が建てられていたとされています。平郎門をくぐると、主郭に向かう真っすぐな道が作られています。しかし、これは新たに作られた道で、古い登り道は新たな道の右脇から石垣に沿うようにして伸びています。新しい道は戦前にグスクが神社に見立てられたことがあり、その際に主郭への参道として整備されたものです。

参道を登り上がったところが大庭《ウナー》です。大庭正面の一段高い位置に主郭があり、平らに整地された地面にかつて建物が建てられていた礎石の一部が残っています。主郭は何度か整地が繰り返されたことが発掘調査で確認されており、主郭の奥まった部分に発掘調査時の土層断面を写した解説陶板が設けられていま す。これによると、今帰仁グスクは丘陵頂部を柵で囲った簡単な構造から、周辺に石垣を積みながら主郭部分を整地して基壇を作り、ここに礎石を持つ建物を配置する複雑な構造へと発達したことが知れます。大庭と主郭の左側は御内原《ウーチバル》と呼ばれる聖域空間です。ここには北山王であった攀安知が落城に際して、千代金丸（国宝「琉球国王尚家関係資料」の中の一つ）という名刀で斬りつけたとされる霊石があります。

今帰仁グスクにはいたるところに緋寒桜が植えられており、例年一月前後にはやや濃い桃色の花が咲き誇っています。日本本土のソメイヨシノとはまた一つ異なった沖縄の緋寒桜鑑賞を目的として、冬場に訪れてみるのもよいかもしれません。

久米島の博物館

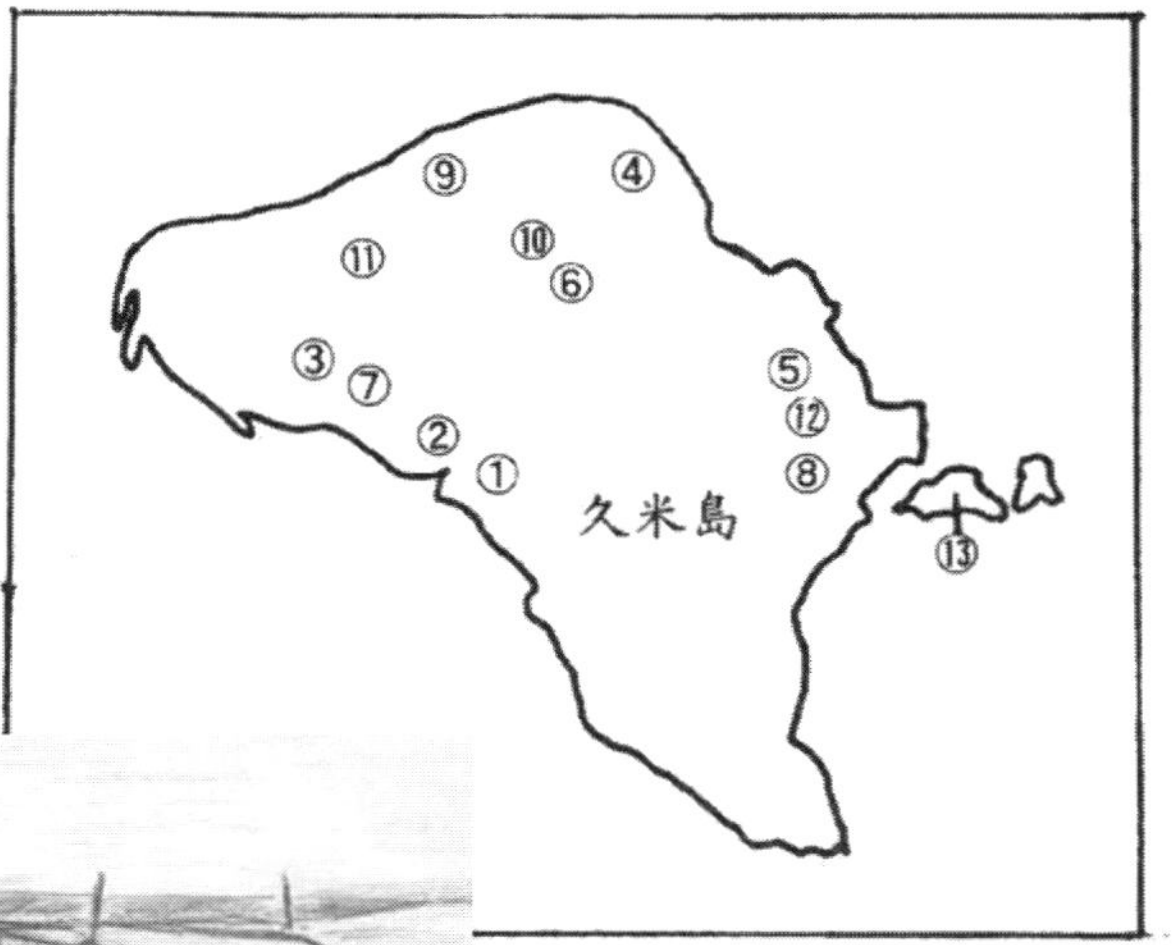

久米島に向かうRAC機

①久米島博物館（旧久米島自然文化センター）
②久米島ホタルの里・ホタル館　③五枝の松　④熱帯魚の家
⑤久米島紬の里ユイマール館　⑥久米仙酒造工場
⑦上江州家住宅　⑧旧仲里間切蔵元跡
⑨具志川城跡　⑩宇江城跡　⑪君南風殿
⑫天后宮　⑬久米島ウミガメ館（ウミガメ館）

久米島は、沖縄本島の西約一〇〇㎞に位置します。
久米島町は、二〇〇二（平成一四）年四月一日に、具志川村と仲里村が合併して誕生しました。総面積は六三・五平方キロメートルで、久米島本島、奥武島、オーハ島、鳥島、硫黄鳥島の五つの島から構成されています。年間平均気温は二二・七度、降水量二一三八㎜、平均湿度七六％、年間を通じて温暖な気候です。二〇一四九年二月現在の人口は約八四〇〇人、世帯数は約三九〇〇世帯です。

久米島博物館（旧久米島自然文化センター）✽
久米島ホタルの里・ホタル館✽
五枝の松✽
熱帯魚の家✽
久米島紬の里ユイマール館✽
久米仙酒造工場✽
上江州家住宅✽
旧仲里間切蔵元跡✽
具志川城跡✽
宇江城跡✽

✽君南風殿内
✽天后宮
✽久米島ウミガメ館（ウミガメ館）

✽久米島《くめじま》博物館（旧久米島自然文化センター）

▽沖縄県島尻郡久米島町嘉手苅五四二

旧具志川村兼城の市街地からは少し山手に久米島博物館があります。二〇〇〇（平成一二）年に「久米島自然文化センター」から改称しました。島の歴史や自然を紹介する常設展示と特別展示（企画展示）が行われています。訪問時の特別展示は「種子」に関する展覧会でした。

常設展示でまず目に入るのは久米島の自然の紹介です。久米島の森の様子がジオラマで展示され、そこに生息する動植物の写真と解説が見られます。これらの展示でおおよその久米島の自然環境が理解できます。次に歴史部門の展示です。まずは下地原洞人《しもじばるどうじん》の乳児化石に注目しましょう。展示されている人骨は島の北西部の下地原洞窟から一九八三年に出土したもので、地名から命名されました。その年代は更新世末期の一万五〇〇〇～二万年前と推定されています。幼児一体分の大腿骨や上腕骨などがあり、同一人骨と見られています。推定年齢は生後約八ヵ月から一〇ヵ月くらいと思われるものです。下顎骨の下方への突出が強く、大腿骨が細いという特徴があります。

次に「貝の道」とパネルに示されたケースでは、近海から採れる貝を加工して作り出された貝輪などを見ることができます。材料となったゴウホラやイモガイという大型巻貝は琉球列島の海、亜熱帯海域の海でしか採れませんでした。そのため今から二二〇〇年前の沖縄貝塚時代と呼ばれる時期には遠く九州地域まで運ばれていたことが、弥生時代の遺跡からこれらの製品が出土することで知られて

久米島博物館

います。このほかの時期には東南アジア諸国の土器や陶磁器が交易によってもたらされていたことも、展示された島内遺跡の出土品からわかります。

歴史関係の展示では、この島の特産物であった久米島紬に関する史資料等が見られます。また、久米島には現在十ヵ所余りのグスクが知られており、パネルでは六ヵ所が示されています。そのひとつ、島の北西部海岸線に構築された国指定史跡の具志川城跡を近くから眺めることができます。城は防御のために様々な施設を周囲に巡らせるのが普通ですが、ここでは自然がその役割を果たしています。

沖縄といえば、葬祭の民俗が本土とは大きく異なります。遺体を埋葬した後、一定期間を経て、その骨を海水で洗い骨壺に納めるのです。これは洗骨葬と呼ばれるもので、古くは弥生時代にもあったと考えられています。沖縄県内各地の博物館では、洗った骨を納める厨子甕を見ることができます。中国南部から

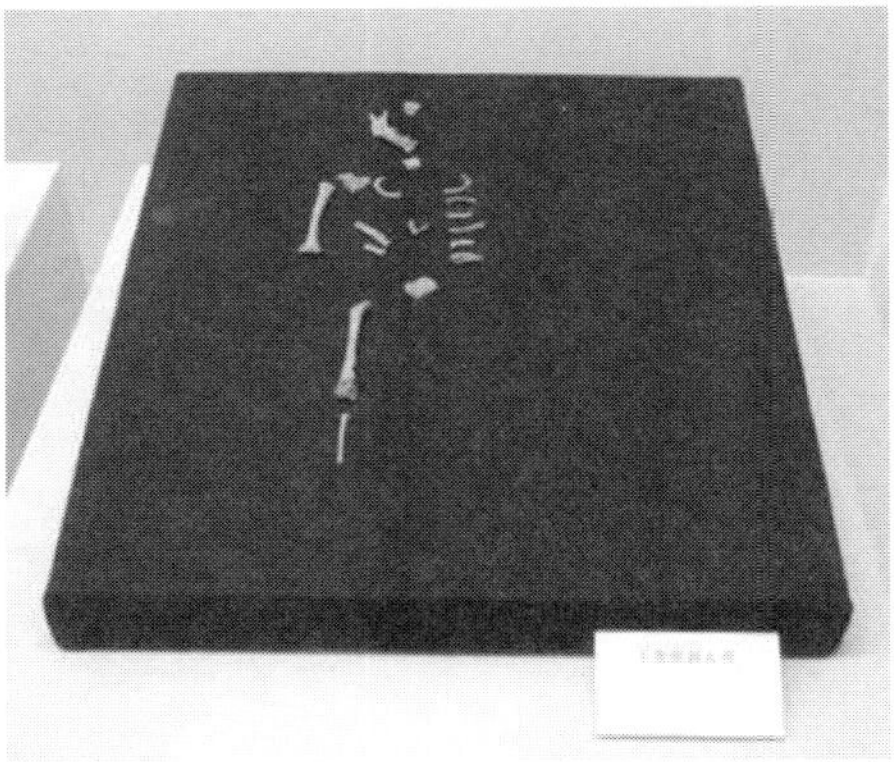

下地原洞人の乳児化石

民具類の展示

「久米島の自然」コーナー

伝えられたといわれ、上半部に立体的な美しい装飾が施されています。日本国内では沖縄にのみ残されているものですが、火葬の習慣がなかった時期に用いられ、最近では姿を消しているようです。厨子甕には家屋を模したものが多く、側面や上部の屋根に該当する部分に動植物の文様が施されているものも見られます。表面にグリーンやブルーという色調の釉薬が施されたカラフルなものもあります。

民俗文化財の展示コーナーでは、耕作に使用された犂や鍬などの農具、あるいは食物の調理、加工に用いられた様々な民具類が壁面や展示台に所狭しと並べられています。民具は使われなくなっても、かつて使用していた人々には大切な思い出の品々です。昔活躍した大量の道具たちは窮屈そうにも見えました。

展示室の外のベランダに、沿岸漁業に使用された小船「サバニ」が置かれています。随所に見られる傷跡からは、サンゴ礁の海での魚採りに活躍していた雄姿や海の暮らしを支えてきたことを感じさせられます。

外光が入るためかもしれませんが、壁面の写真パネルが少々変色気味であったのは残念なことです。

博物館の前方にグスクがあります。伊敷索城跡、地元ではチナハグスクと呼ばれています。かつて白瀬川河口域を利用して広く交易を行っていた遺跡だそうです。階段を登ってみました。そこには亜熱帯のソテツなどの植物が生い茂っていました。周囲の石垣の痕跡から、かつてここに城があったという痕跡を偲ぶことができた程度で、建物の礎石などは確認できませんでした。

✤久米島ホタルの里・ホタル館

▽沖縄県島尻郡久米島町大田四二〇

かつては島最大の繁華街だったという場所を過ぎて山手の方向に車を走らせ、ホタル館に向かいます。ホタルの里・ホタル館は、市街地から少し離れた自然一杯の林の中にぽつんとある小さな博物館です。入

久米島ホタルの里・ホタル館

口で入館料を払います。館内には数多くの小型の水槽が置かれ、久米島で生息する淡水魚や昆虫が飼育されていました。この施設では久米島ホタルのみではなく、同じ環境に生育している生物も見てほしいという願いがあると説明され、いくつかの資料もいただきました。以下、その資料から紹介してみましょう。

クメジマボタルは、琉球列島で久米島にのみ生息するゲンジボタルで、沖縄県指定の天然記念物に指定されています。その近縁種ゲンジボタルは、本州、四国、九州に棲息しています。ホタルの点滅は求愛行動と考えられていますが、集団同時点滅、すなわちホタルの光の点滅には地域差があります。本種の東日本では四秒に一回ゆっくり明滅し（のんびり型）、西日本、四国、九州では二秒に一回という早さで明滅する（せっかち型）に区分されます。さらに両地域の境界に棲息するホタルは三秒に一回（境界型）という特徴があります。一方クメジマボタルはというと、二・五秒から四秒間隔で（中間型）、間隔はきっちりとは決まっていないアバウトな明滅状態を示すとのことです（別名テーゲ型）。米粒のように小さな体で光を発するホタルにも、地域によってその明滅に差があり、一様でないことを知りました。

さらに色彩はゲンジボタルの前胸がピンクであるのに対し、クメジマボタルはだいだい色で、これがクメジマボタルの特徴です。近縁種のゲンジボタルとの分岐年は、おおよそ一五〇〇万年前に遡る可能性があり、極めて重要な久米島固有の種類です。

展示室の一階では本土、沖縄、さらには久米島周辺の島々に生息するすべてのホタルの紹介が行われています。写真パネルも多く掲げられ、すぐには見られないホタルの生態も観察できるのがありがたい配慮です。それでは主役たるクメジマボタルはというと、入口付近の小型の水槽に幼虫が飼育されているとのことですが、訪れた時は冬眠中でした。外見は水槽に、ただ土が入れてあるという程度で、どこにその幼虫がいるのか、卵がいくつあるのかはわからずじまいでした。

ホタルや昆虫、魚までは、久米島の環境でいかなる生物が棲息しているのかということがわかる配慮の展示のようでした。ここではさらに、この島に棲息する毒蛇のハブの飼育ケースまで備えられています。小さな島ですが、ハブは数種類のものが見られるとのことで、草むらへは近づかないほうが無難のようです。ホタルの美しく乱舞する季節とその活動、生息地域はハブとほとんど同じです。夜間の蛍狩りは魅力的ですが、ハブが夜行性であることもあり、いささか危険ではないでしょうか。

一階フロアには、このほか淡水魚の展示もあってなかなか賑やかです。しかしある種雑然という印象も拭えません。二階フロアでは、ホタルに関するビデオ映像を自由に見ることができます。また蝶の標本が壁面一帯に展示されています。蝶も沖縄から南部の島々では貴重な種類を見ることができ、コレクターからは注目されている地域です。

ところで、この施設の建設の目的は、「天然記念物クメジマボタルなどの水生のホタルと久米島、沖縄県及び琉球列島に生息する陸生のホタルなどの観察及び生息環境の保護・保全・再生を図る施設として、情報を発信し地域内外の啓蒙・学習、観光等の利活用に資するた

昆虫オタクの部屋のような展示室

ホタルの比較に関する情報展示

めに、また、近年絶滅が心配されている希少種や天然記念物などの保護・啓発を図るため」とあります。一九九七（平成九）年に計画が出され、一九九九年三月に完成、同年五月開館、二〇〇三年にはリニューアルオープンし、以来飼育やガイドを女性職員が行っています。なお、二〇〇四年一〇月から二〇〇五年九月までの一年間には七〇六〇人の入館者があり、前年を二〇〇〇人近く上回っています。

一通り館内を見学して館外に出ると、そこにも一〇個ほどの塩ビ水槽が置かれていました。そこには一〇～三〇㎝ほどの亀が飼育されています。女性職員によると、これらの亀は家庭で飼育されていたものでしたが、飼育できなくなって捨てられたものだそうです。とくにミドリガメなどは、小さいときは可愛いと子供たちに飼われていますが、大きくなると手に余り、あるいは飽きると捨てるという飼い主側の困った問題があります。しかしそれらを殺すに忍びないからと自然に放流する場合が多いというのも新たな難問を生じます。というのは、久米島には天然記念物に指定されている山亀が生息しており、それらと交雑する可能性もあるので放置できないのです。

ここに集められた亀は、地元の人たちが、川などに異様な亀がいた、あるいはいるという情報に基づいて捕獲し持参したものです。先の山亀とこれらの亀は生息地域が異なるので、さしあたって交雑の問題は発生していないようですが、亀の寿命が百年余りということを考えると安心はできません。無責任な飼育は自然界の混乱をも生じさせるので絶対に止めて欲しいと、女性学芸員の方は熱く語られていました。今後のこれらの亀の処置はとたずねると、微笑みながら「当面はここで飼育せざるを得ませんね……」とのことでした。

✽五枝《ごえだ》の松《まつ》

▽沖縄県島尻郡久米島町上江州七七一

樹齢二五〇年以上と推定される琉球松の古木で国指定の天然記念物です。高さ六m、幹の周りは四・三mもあり、枝が地面を覆う面積は二五〇㎡に及んでいます。この松は、一八世紀はじめに、この地に土帝君という農業の神を祀ったときに、植樹されたものが現在に至ったもので、現在、この地域は五枝の松公園として整備されています。松を中心に広場が広がり、売店も片隅に設けられています。

園の一角に産川《ウブガー》と呼ばれる井戸があります。井戸の水は水道が整備されるまでは住民の重要な生活用水として利用されてきました。名前の由来は、この井戸の水をかつては産屋で使ったということからきています。現在は井戸の上に竹で作られた屋根をかけて、枯葉などが入らないようにして、そこから湧き出す綺麗な水が守られています。

五枝の松

✽熱帯魚の家

▽沖縄県島尻郡久米島町比屋定

久米島のサンゴ礁の海岸で、とくに水族館のように水槽が設置されているわけでも、建物があるわけでもありません。ただそこには海岸の波が遠く打ち寄せる岩場と広々と開けた海原が見られるのみです。「熱帯魚の家」という案内表示に誘われてきてみたのですが、何か狐につままれたような印象です。しかし熱帯魚の家というのは、この岩場の水溜りが、まさにそのお家だったのです。満ち潮の時には、この岩

「熱帯魚の家」とはサンゴ礁の海岸

場はほとんどが海中に没していたのでしょう。干潮になり海岸線が遠く沖に行ってしまうと、ごつごつした岩場の窪地には水溜りができ、そこに取り残された魚たちが多数見られます。

ここへ案内してくれた地元の方は、近くの売店でソーセージを求め、その切れ端をえさとして彼らに与えます。えさに群がる色とりどりの魚たちは、まさに熱帯魚そのものなのです。数センチの小魚から二〇㎝を超えるものまで、種類も豊富で、自然の生態を観察することができる恰好の場所といえます。ここで見られる魚には、デバスズメダイ、ソラスズメダイ、黒いスズメダイ、ロクセンヤッコ、オヤピッチャなどがあり、スズメダイ系の魚が主たるもののようです。

水族館の水槽越しに見る熱帯魚の生態とは一味も二味もちがう印象を受けること請け合いです。「熱帯魚の家」というネーミングは、まさにヒットといえるでしょう。こここそ究極のエコミュージアムといえましょう。

▽沖縄県島尻郡久米島町真謝一八七八—一

✽久米島紬《つむぎ》の里ユイマール館

久米島の産業として久米島紬があります。これを後世に伝えるべく開館したのがこのユイマール館です。この施設は、ユイマール館と久米島紬展示資料館の二つの建物から構成されています。前者は一九九二(平成四)年、後者は少し遅れて一九九八年に完成しています。

ところで紬とは、どのような織物なのでしょうか。仲里村教育委員会『久米島紬—あゆみとわざ』によると、紬とは「紡ぎ織り」が略されたもので、蚕の繭から糸を取り出し、その糸によりをかけて丈夫な糸としたもので織り上げた絹織物です。沖縄の織物には芭蕉布、苧麻、木綿、絹があり、沖縄の首里以外ではこの久米島のみで絹織物が生産されていました。

その歴史は一五世紀頃に堂の比屋が養蚕技術を中国から久米島に伝えたのが始まりであるという伝えが残されていますが、事実のほどは明らかではありません。本土では江戸時代の初期に当たる一六一一年に既に毎年三貫余の綿子上納が定められたことが記録に見えます。このことからその時期に養蚕が行われていたことはほぼ確実でしょう。一六一九年に宗味入道が桑の栽培や養蚕、さらに製綿法を指導したことが記録されています。また一六三二年には友寄景友が八丈紬の技法を伝えたとも史料に見えます。

このように、一七世紀には確実な足跡を残している久米島紬ですが、明治、大正期の最盛期を境に急速に衰退していきました。やがて第二次世界大戦を経て、戦後は地元での養蚕、久米島紬復興の運動がさかんとなってきました。この甲斐あって久米島紬は地場産業として定着化の方向に進み、一九七四（昭和四九）年には沖縄県指定、翌一九七五年には通産大臣指定の伝統工芸品となりました。さらに一九七七年には県の無形文化財に指定され、町ではその保護と伝承に努力していますが、これら活動の中心が本施設なのです。

展示資料館では、久米島紬の生産工程を実物とパネルでわかりやすく展示しています。入口付近では作業工程の様子をビデオで見ることもできます。入館と同時に係員の方がスイッチを入れてくれ、ゆっくりと見ることができました。養蚕からはじまる様々な工程や、道具の数々を見たあとは紬の作品展示です。伝統的な沖縄の着物や、新しいデザインのバッグやポ

久米島紬の里ユイマール館

ーチなどの小物類、ネクタイなどの作品が展示されています。

資料館とつながっている建物には蚕の飼育場があります。ここでは桑の葉を与えているところ、繭になっている状態、そして繭から糸を引き出すまでを見学できます。今回の訪問時には、季節的な関係もあって一部しか見る事ができませんでしたが、機会があればぜひとも再度見学したいものです。

順路に沿って進むと、たくさんの機織機械が並べられている工場のような広い場所に出ます。ここでは伝統的な織物の作業を体験できるとのことで、織機には作業途中の織物が見られましたが、人影はありませんでした。受付に戻ると、簡単なショップが設けられており、久米島紬で作られたコースターや小物入れなどが販売されていましたが、ミュージアムショップでよく見られる絵葉書やカップなどの定番商品は見られませんでした。

✽久米仙酒造工場

▽沖縄県島尻郡久米島町

沖縄の地酒の泡盛は、最近の焼酎ブームもあり、人気があります。「久米仙」は全国的にも知られた泡盛の銘柄です。その工場が久米島のやや高台にあり、見学することができます。自動化された瓶詰め作業などの製作工程のほか、醸造のための多数の古酒が入れられた壺が規則正しく置かれて貯蔵されている姿を見ることができます。

久米仙酒造工場で貯蔵されている古酒

✻上江洲《うえず》家住宅

▽沖縄県島尻郡久米島町西銘

国指定の重要文化財指定建造物で、一九九三（平成五）年から一九九四年に補修工事が行われました。上江洲家は具志川城主の末裔で、代々地頭代を務めてきた旧家です。歴代の当主は代々琉球王府の身分である親雲上と称し、久米島の歴史とは切っても切れない関係にある家柄です。周囲を立派な石垣が囲むことから石垣殿内とも呼ばれています。

石塀は四方の周囲を珊瑚石灰岩のアイカタ積みという方法で作られています。南面が膨らみ、西面を緩やかに曲げており、さらに北東隅を欠いているのは風水思想（フンシ）の影響とされています。また四隅を丸くして折り曲げて、その外頂石を突起状にしているのはグスクの影響と考えられていますが、魔よけの意味も含まれているそうです。

正面の門を入ると突き当たりにヒンプンと呼ばれる石塀が建てられています。門の中軸線上に中門を設け、竹垣で塞ぎ、L字型に折り曲げています。中門は冠婚葬祭や特別な来客のときだけ、ここを通します。中国の民家の塀風門《ピンフォンメン》の影響で目隠しや魔よけの意味があったようです。宅地の総面積は二一八五・一㎡（六六一坪）、建物は三〇四㎡（九二・二坪）、石塀の延長は一六七m、ヒンプンの延長は一四mです。

建物は主屋を中心にして東方に殿内グゥー、西方にフールと呼ばれる豚舎と便所、南西方向にはメーヌーヤーと呼ばれる蔵、東南方向にはトングァと呼ばれる上便所、さらにその前には用水のための井戸が

上江洲家住宅

倉庫の扉

設置されています。主屋は居室部分のウフヤと台所部分のトングゥからなっていますが、かつてはそれぞれ別の独立した建物であったようです。

ウフヤは一七五四年に第七世の智英が建築し、一八九一（明治二四）年にカヤ葺き屋根をカワラ葺きに変更し、一九〇三年にウラヤとトングァを合体させたことが調査で明らかになっています。

メーヌヤと呼ばれる蔵は、外見は平屋に見えますが内部は二階になっています。土庇で取り囲んで上下階があり、瓶などに穀物などを収納して保管したようです。三方向の土庇土間では牛や馬、ヤギなどの家畜を飼育しており、これは久米島独特のものでした。扉を原始的な一枚板の両開きとしているのも特徴です。この扉は古代の遺跡から出土したものと近似しており、実際に使用されている状況を見ることができたのはありがたいことでした。

ここを見学した時は観光客も多数訪れていた時間でした。恐らくここの家族と思われる年配の婦人が、見学者の質問に答え、パンフレット配布など忙しく対応されていたのが印象的でした。

✻旧仲里《なかざと》間切《まぎり》蔵元《くらもと》跡

▽沖縄県島尻郡久米島町真謝

間切というのは、島津侵入以前からあった琉球王朝時代の地方行政区分のことです。間切は王府の奉行と両惣地頭の支配を受けるのですが、一方では農民の自治集団としての性格も持っていたようです。間切には番所が

旧仲里間切蔵元跡

置かれたのですが、久米島ではそれを蔵元と呼んでいました。

この時期の番所の遺跡は、現在の沖縄県内にほとんど残されていません。久米島の蔵元跡だけが現存しています。建物などは残されていませんが、それらを囲んでいた立派な石垣が残されています。これは一七六八（乾隆二八）年に建築されたものです。

石垣の全てが珊瑚石灰岩を立方体に切って積み上げていき、さらに四隅を隅丸にしているのが特徴です。側面には石積みで造られたアーチ型の通用門が見られ、国の重要文化財に指定されています。

✽具志川《ぐしかわ》城跡

▽沖縄県島尻郡久米島町仲村渠

一五世紀初頭に久米島を支配していた按司の居城です。海に突き出した絶壁の上に築かれたもので、自然の地形を巧みに取り入れた要塞です。城跡には周囲を取り囲む石垣と城門が残されています。城跡は、自然地形をほぼそのまま利用しているため決して広いとはいえませんが、いくつかの建物を建てるには十分な平坦部分があります。最高所に立つとはるか海上の眺望が開け、心地よい海風に触れることができます。

海に面していることや、遺跡内から中国製の青磁の破片が出土することから、このグスクが当時の南海貿易の拠点のひとつであったことが忍ばれます。現在、国史跡に指定されています。

具志川城跡

✿宇江《うえ》城跡

▽沖縄県島尻郡久米島町宇江城岳

久米島での最高所が、この城跡のある宇江岳で、標高三一〇mあります。周囲を石垣で囲まれており、県指定史跡の城跡です。周囲からは一段と高い丘陵を形成しており、その丘陵部分を利用して造られた城です。

城跡に立つと、久米島で見えないところはないといえるほど素晴らしい光景が広がります。とくに眼下に広がる海の景色は素晴らしいものです。

✿君南風殿内《ちんべーどぅんち》

▽沖縄県島尻郡久米島町仲地

久米島空港を出てまもなく道路に沿って前方に鳥居がある建物が目に入ります。堂は三間四方の小型の祠で、瓦葺き、神社とも寺院ともとれるという建物です。傍らに「君南風殿内」と書かれた地元教育委員会の建てた方形の細い標柱があります。これによって、この建物が沖縄独特の神女《ノロ》の屋敷だということがわかります。

建物の内部には白衣をまとった女性数人が祭壇に向かって一心に祈っているのが見えます。

宇江城跡からの眺望

君南風殿内

✻天后宮《てんごうきゅう》

▽沖縄県島尻郡久米島町真謝

一名、ブザード（菩薩堂）とも呼ばれ、人々の信仰の対象となっている小さなお堂で、久米島の東南部の海岸近くを走る道路沿いの広場の中にぽつんと建っています。この堂は中国の航海の神である天妃（天后）を本尊として勧請して祀っています。

ことの起こりは一七五六年尚穆王の冊封のために中国から来航した冊封使一行二〇〇名の乗った船が台風にあって久米島の真謝港外で遭難したことにはじまります。この時、地頭代喜久村契聡をはじめとして島の人々の努力によって、彼ら全員が救出され、真謝の蔵元にしばらく滞在している間に船などの修理を行った後、無事那覇に着き、冊封の儀式を終えることができました。このことに感謝し、一七五九年尚穆王によって堂が創建されました。工事にあたって冊封使からも工事費など多大な銀の寄進がありました。これらの銀は堂基金として堂の建築補修、さらには年々の祭祀料として明治末年まで使用されたということです。

堂は三間四方の平入り入母屋屋根の本瓦葺の建物で、周囲に庇を巡らせ、屋根に段差を設けています。堂内には祭壇が設置され、天后像が祀られています。以上は、一九九〇（平成二）年

天后宮

天后宮の祭神

三月に地元教育委員会によって設置された説明板によるものです。なお建物は一九五六（昭和三一）年二月に沖縄県文化財に指定されています。

▽沖縄県島尻郡久米島町奥武一七〇

✻久米島ウミガメ館

久米島ウミガメ館は、奥武島という島にあります。本島と奥武島を結ぶ奥武橋を渡ると、まもなくこの島では最も珍しい景観が見られる畳石海岸につきます。この畳石は沖縄県指定の天然記念物に指定されています。表面の径が一mから二m前後の五角形か六角形の平らな石がまるで亀の甲のように連なっている奇妙な景観を見せています。見渡す限りというほど広い範囲ではありませんが、珍しい自然の奇勝を見ることができたのは幸いでした。

久米島の砂浜一帯はアオウミガメの産卵地として有名であり、今もその地域は大切に保護されています。海に面した公園内にある小さな建物が、目的のウミガメ館です。隣接して深海水を利用したクアハウスがあります。町営の施設ですが、大変な赤字で、まもなく閉鎖になるだろうとのこと、当日は休館で、施設内部は見ることはできませんでした。

受付を入るとまず「ようこそウミガメ館へ」と目立つ表示がある大きな水槽が目に入ります。中央にはウミガメに乗った浦島太郎が描かれており、顔の部分のみアニメ風の表現となって、見学者があるとセンサーが反応して歓迎の挨拶をしてくれます。ここでは水族館の上客である低年齢層を迎えるために、このような装置を設備して迎えているのでしょ

久米島ウミガメ館

う。ここで、浦島太郎が乗ったカメの種類はウミガメであることをあらためて認識させられます。

ところで、浦島太郎が竜宮城へ行った話は古代の文献に記録されています。それは、『日本書紀』雄略天皇二十一年秋七月条にある記事です。原文は難解ですので、その内容を要約すると次のようになります。「丹後の国与謝郡管川というところに浦島子という人物がいた。ある日船に乗って釣りをしていたところ大きな亀を釣り上げた。その亀はたちまちに娘に変わった。そこで浦島子はその娘を妻とした。やがて妻にしたがって海に入り、蓬莱山に至り、仙衆を見て歩いた。この話は『書紀』とは別の本にある」と記述されています。さて浦島太郎は、ここでは浦島子となっていますが、話の内容は大筋で同じです。

この話は『丹後風土記』の中にも見えます。その内容は、『書紀』とほぼ同じですが、人名や地名などで若干の相違が見られます。恐らく『日本書紀』が「別の本にある」と書いている別の本とはこの『丹後風土記』をさすのかもしれません。

さらに、浦島子が三年余り海中（竜宮城）で過ごした後、丹波に帰るという話が続きます。そこで彼が見たのは三百年余りの歳月を経た故郷の姿であり、かつての家も見られなくなっていました。浦島太郎の伝説は、丹後すなわち京都北部の日本海側に残されていたのです。

このほかにも『万葉集』や中世の御伽話の源流ともいわれる『おとぎ草紙』にも浦島太郎の話は収録されています。浦島太郎の伝説は様々な展開があり、興味深いのですが、ここで長々と触れているわけにもいかないので、このあたりで話題を現実の世界に戻すことにしましょう。

この博物館は、ウミガメの専門博物館ということもあり、展示のすべてがウミガメです。パネルではカメの種類の紹介などもあるのですが、この館の大きな特徴は生態展示です。産卵からふ化したばかりの幼い段階のウミガメの生育状況からはじまり、徐々に大きくなっていく様子が分類展示されています。この水槽は子ガメの水槽とパンフレットにあります。この館ではウミガメの保護・研究のためアカウミガメ、アオウミガメ、タイマイなどの子ガメの放流を行っているとのことです。この水槽ではそれぞれの段階のウミガメの生態を観察できるようになっています。また展示室の奥には大きな水槽が設備されており、大型の生育したウミガメの遊泳状態を観察できます。

水槽に連なる館外部分には簡単な砂浜が作られており、そこでも産卵が可能な状態となっているようです。訪問時には観客がほとんどいない時期、時間であったことから、飼育員が水槽の内部を清掃していました。館に隣接してウミガメを飼育しているプールが見られましたが、その飼育の様子についての詳細は見学できませんでした。

パネルで世界各地のウミガメの生態、ウミガメを巡る様々な伝説の紹介などがわかりやすく解説されています。また絶滅の危機にさらされている現状の紹介もあり、自然保護学習にも役立ちます。このほか久米島の貝三五〇種二〇〇〇点以上が収集展示されています。

ビデオシアターでは、ウミガメの産卵からふ化、そして海への旅立ち、その後再び産卵の地への旅、ウミガメの一生をドキュメンタリー風の映像で紹介しています。それは「リサ」と名付けられた久米島でふ化したアカウミガメの一生を描いたもので、リサのふ化から海への旅、さらに故郷の久米島を目指すという行動を通じて、公害で汚れた海、ウミガメにからみつく捨てられた魚網との生死をかけた格闘などが描かれています。そこには現代に生きる我々が考えなくてはならない様々な問題が盛り込まれているのではないでしょうか。わずか一〇分程度の放映時間でしたが、自然界で全く自由に生きるウミガメと海の汚れという現実にある身近な話題を通して、自然保護を訴えかけている内容でした。

ミュージアムショップが入口付近にありますが、大きなものではありません。緑色が基調のウミガメのぬいぐるみやキーホルダーなど、商品のすべてがウミガメづくしという記念のグッズが山積みされています。しかし残念ながら大抵のショップにある館の案内ガイドブックや絵葉書などは見当たりませんでした。

宮古島の博物館

宮古島海宝館

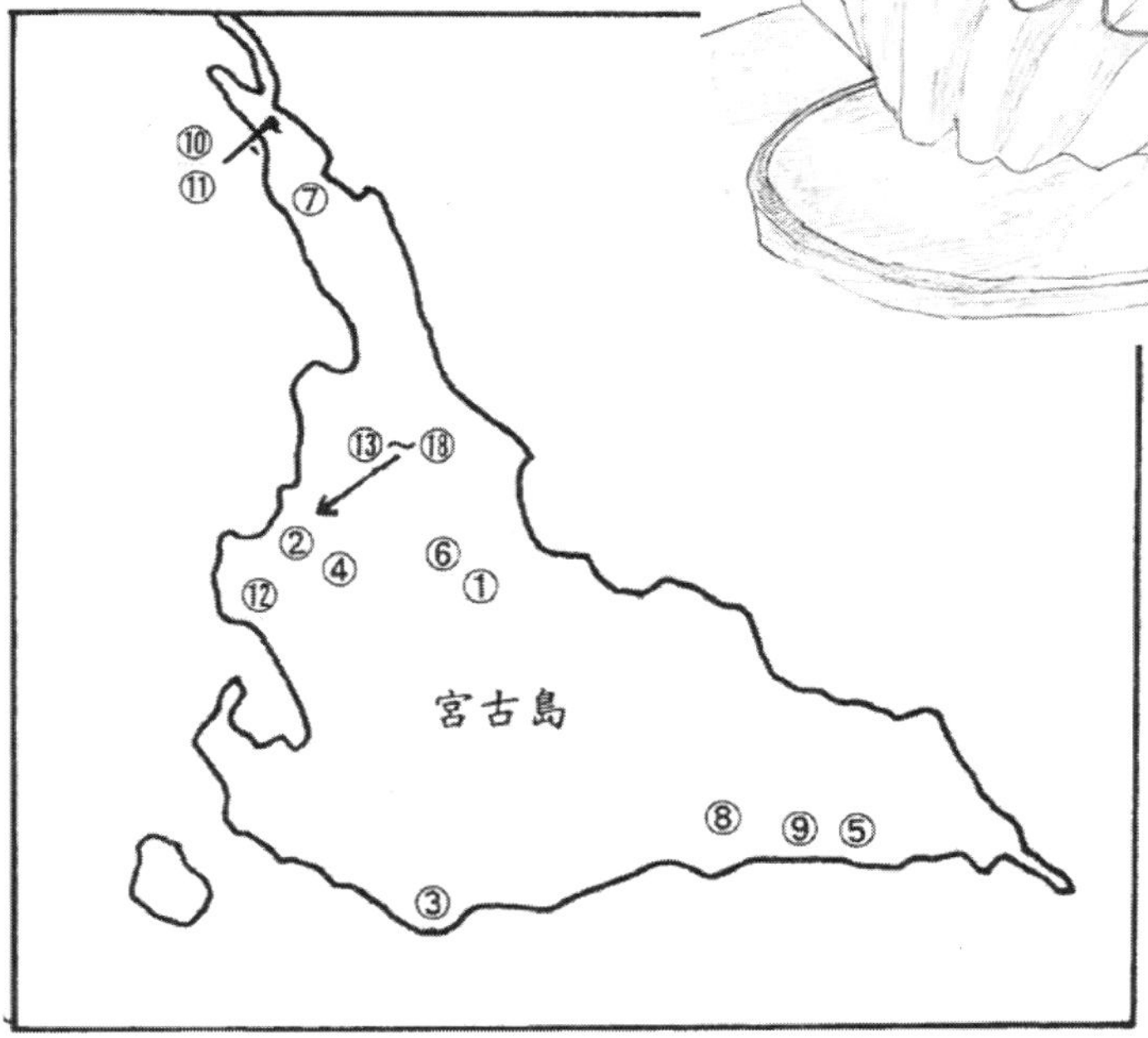

①宮古島市総合博物館　②ドイツ皇帝博愛記念碑　③うえのドイツ文化村
④恵子美術館　⑤宮古島海宝館　⑥宮古島市熱帯植物園　⑦宮古島海中公園
⑧宮古島市地下ダム資料館　⑨宮古島メガソーラー実証研究設備
⑩雪塩ミュージアム　⑪海軍特攻艇格納秘匿壕　⑫久松五勇士の碑
⑬仲宗根豊見親の墓　⑭アトンマ墓　⑮知利真良豊見親の墓
⑯漲水御嶽と石垣　⑰人頭税石　⑱大和井

宮古島は、沖縄本島の南西約三〇〇㎞に位置します。
宮古島市は、二〇〇五（平成一七）年十月一日に、平良市、城辺町、下地町、上野村、伊良部町の合併によって誕生しました。宮古本島、大神島、池間島、来間島、伊良部島、下地島の六つの島から構成されています。このうち宮古島と池間島は池間大橋、宮古島と来間島は来間大橋で結ばれ、伊良部島と下地島の間にも橋が架けられています。面積は二〇四・五七平方キロメートルで、二〇一四年二月現在の人口は約五万五〇〇〇人、世帯数は約二万五〇〇〇世帯です。

宮古島市総合博物館✻
ドイツ皇帝博愛記念碑✻
うえのドイツ文化村✻
博愛記念館✻
キンダーハウス・子ども博物館✻
恵子美術館✻
宮古島海宝館✻
宮古島市熱帯植物園✻
宮古島海中公園✻
宮古島市地下ダム資料館✻

✻宮古島メガソーラー実証研究設備
✻雪塩ミュージアム
✻海軍特攻艇格納秘匿壕
✻久松五勇士顕彰碑
✻仲宗根豊見親の墓
✻アトンマ墓
✻知利真良豊見親の墓
✻張水御嶽と石垣
✻人頭税石
✻大和井

✽宮古島《みやこじま》市総合博物館

▽沖縄県宮古島市平良東仲宗根添一一六六―二八七

一九八九（平成元）年に開館した、宮古島の歴史、自然、民俗などを紹介する総合博物館です。建物の正面は階段状の壁面で、それは仲宗根豊見親の墓の形を模したものだということです。内部は中央が吹抜けとなっており、その周囲に展示室が配置され、宮古島の全てがわかるように構成されています。

沖縄には御嶽《ウタキ》と呼ばれる民間信仰の場所がありますが、宮古島でも多くの例を見ることができます。その御嶽をカラーパネルなどで紹介するコーナーがまず目を引きます。本土では見られない独特の信仰に守られた自然の聖地です。

宮古島市総合博物館

海の民俗の展示

宮古島では海からの自然の恵みを大切に暮らしてきたことが、漁業と関連する民俗資料からわかります。漁師二人を乗せた小舟の背景に美しい海が広がる光景が臨場感あふれる電飾パネルで効果的に展示されています。

また、牛を使っての田畑の耕作の様子が背景のパネルとともにジオラマ風に展示されています。このほか竹細工の籠などの収穫道具、糸紡ぎの糸車、織物作業具などの民具も集められています。

宮古島の一般的な民家の復元ジオラマがあり、ごく普通に使われていた水甕やザル、糸紡ぎの道具などが置かれています。また宮古島独特の織物の紹介や展示も見ることができます。

葬送儀礼で使われた輿（龕）や骨壺（厨子甕）なども詳細な説明パネルと共に展示されています。いずれもケース内をガラス越しに見るのではなく、露出状態で展示されています。輿の形も家型のものや祠風のものがあり、壺の外側の釉薬の色調も青や黄色と様々で、なかなか迫力があります。

このほか、水鳥の剥製や植物標本など自然分野での展示も充実しており、さすが総合博物館といえる展示品が多く見られます。

✿ドイツ皇帝博愛記念碑

▽沖縄県宮古島市平良西里一八三―四

一八七三（明治六）年七月、ドイツ商船ロベルトソン号は中国福州からオーストラリアへ向かう途中、台風にあって漂流、宮古島の宮国沖で座礁しました。その時、宮国の人々は荒れる海へ小さな船で漕ぎ出し、乗組員全員を救助し、負傷者に手厚い看護を施し、本国へ無事に送り返しました。この村人の行動に感謝したドイツ皇帝ヴィルヘルム一世は、軍艦チクローグ号を一八七六年に派遣し、上野村に記念碑を建てる計画を進めました。この「博愛記念碑」は平良港近くに建てられ、沖縄県の指定文化財となっています。大理石の碑文は表にドイツ語と漢文、裏は漢文で刻まれています。この一帯は親越とよばれ、港を見下ろす丘の中腹に当たります。

ドイツ皇帝博愛記念碑

当時は港からはもちろん、遥か沖合からもこの碑の輝きが見えたといわれています。また博愛記念館の展示でもその交流の歴史を詳しく解説しています。

✽うえのドイツ文化村

▽沖縄県宮古島市上野宮国七七五―一

かつての上野村とドイツの友好交流を背景として、一九八七（昭和六二）年に旧上野村によってドイツ文化村建設構想が立てられ、一九九六年に完成、グランドオープンした施設です。入口ゲートはドイツの古城を囲む城壁のように作られており、城門上部には「うえのドイツ文化村」と日本語で書かれた文字の下に英語で「Ueno German Culture Village」、さらにドイツ国旗を左右で囲んで「WILLKOMMEN」と書かれています。

門の正面奥にはドイツのマルクスブルグ城を再現した博愛記念館の白亜の建物が見られます。このほか、子供向けの展示施設であるキンダー・ハウスや、観光客向けの宿泊施設などがあるテーマパークです。

■博愛記念館

ここには一五世紀～一八世紀のドイツで見られた生活用具の様々や、ライン博物館コレクションを展示しています。ドイツの風景画やビールジョッキ、日常食器などの陶磁器が集められているほか、二〇〇〇年にこの地を訪れたゲアハルト・シュレーダー前ドイツ首相との交歓の様子など、ドイツとの交流の歴史を物語る様々な資料が多くの写真パネルや

うえのドイツ文化村入口

新聞記事などで展示されています。

ドイツの生活風俗を物語る展示はとくに注目されます。例えばベッドや祭礼用の正装、台所用の道具、冷蔵庫やバターづくりの道具など興味深いものがあります。この建物の最上階の展望室は地上四二mもあり、ここからの眺望も一見の価値があります。

博愛記念館

ライン博物館コレクション展示

■キンダー・ハウス子供博物館

キンダー・ハウスは子供が遊びの中でドイツ文化に触れるというコンセプトで造られた施設で、いわゆる子供博物館です。ベルリンの壁や、人形

キンダー・ハウス子供博物館

ドイツの鉄道模型の展示

やとくに世界的にもよく知られるドイツの鉄道模型の展示は圧巻でしょう。あるいはテディベアーをはじめとする人形などドイツの玩具、グリム童話などが紹介されており、子供たちがドイツ文化に触れ合う機会が得られるように展示が行われています。

このほか、うえのドイツ文化村にはホテルやレストランなどの施設も整備されており、観光客には人気があるようです。

✽恵子《けいこ》美術館

▽沖縄県宮古島市平良下里五九二

宮古島の市街地の一角に、道路に面して建つ風変わりというか、一見して目立つ派手な建物が、地元の洋画家垣花恵子氏（美術文化協会会員）の作品を中心に展示する恵子美術館です。外壁に用いられている煉瓦のモチーフは、この美術館の主体者たる垣花恵子氏の作品から採られています。その作品は「孤独」と題された、キャンバスにクレヨン、コラージュで描かれた変形八〇号の大作で、館の入口付近の壁面に飾られています。ちなみにこの作品はフィナール国際美術展で選考委員賞を受賞しています。作者に対し大変失礼かもしれませんが、この作品はインカあるいはアステカ文明の彫像を思い起こさせるほど、強烈な個性で迫ってきます。

この美術館は、一九九八（平成一〇）年一月一日に開館しました。床面積は一六〇㎡、展示に使用される壁面の延長は一一八三m

恵子美術館入口

垣花恵子氏の幻想的な作品

あります。館内には本展示室と企画展示室があり、簡単な仕切りで区切られています。本展示室には垣花恵子氏の作品、とくに一三〇号の大作をはじめ各種の受賞作品や各展覧会出展作品が数多く展示されています。垣花氏は地元沖縄をテーマとするというより、広く宇宙をテーマにして超現実、幻想的美術作品を多く描いています。館に入って間もなく山田八郎さんから作品の詳細な製作背景や事情をうかがうことができました。垣花恵子氏の作品について愛情を持って熱く語られる山田さんのお話につい引き込まれ、気づくと滞在時間が二時間を超えていました。迂闊にも山田さんが垣花恵子氏の夫君であることを知ったのは、館を辞去してからのことでした。

一方、企画展示室では垣花氏と交流のある日本全国の作者の作品が展示されています。とりわけメトロポリタン美術館、ブルックリン美術館、国立近代美術館、国立国際美術館など世界的に知られた美術館にコレクションされている著名な美術作家を含む五〇名以上の作品がこの美術館のために寄贈されたものです。これらの作品を順次交換しながら、展示されているそうです。

訪問時には垣花さんは体調が優れないということでお会いすることがかないませんでしたが、後日お手紙を頂戴しました。その文面からうかがえたのは垣花さんの人間的な魅力で、改めて作品を思い起こし感銘を覚えました。ともあれ自身の貴重な作品をこの美術館に贈られた美術家諸先生の心境もおぼろげながらわかるような気がします。

宮古島の小さな美術館から日本各地に、さらに世界にシュールリアリズム絵画の魅力を発信し続けられることを祈念しつつ館を辞去しました。

✻宮古島海宝館《かいほうかん》

▽沖縄県宮古島市城辺字保良五九一―一

宮古島南部の海岸に面した高台に建てられた博物館です。四面を海に囲まれた宮古島は、海産物の豊かなことでも知られています。この施設はこれら海産物のうち、貝に特化した展示施設です。とくに宮古島地域に留まらない世界各地に棲息する貝類を収集し、展示しています。

海宝館の館長である幸地和夫氏は地元の旧城辺町の生まれで、プロの潜水士として各地の海に潜る中で、様々な貝を収集し、またマニアと交換しながらコレクションを増やしていきました。やがてそのコレクションの公開を思い立ち、有志と共にこの博物館を設立したそうです。

ここには潜水に関する道具も展示されています。長時間にわたっての潜水には作業を行うための装備や整備と使用に必要な道具類は

宮古島海宝館

不可欠であり、潜水作業の厳しさと歴史を学ぶこともできます。

展示室の中央部にはオオジャコガイと呼ばれる巨大な二枚貝が台上に置いてあり注目を集めています。その貝は小さな子どもは飲み込まれてしまうほどの大きさです。

このほか、宮古、沖縄地方に棲息する様々な貝とともに世界中の珍しい貝のコレクションも展示してあり、海の魅力を貝という生物から再確認できる場所でした。ミュージアムショップでは、貝で創られたネックレスなどの装飾品や珍しい貝殻を求めることもできます。

✾宮古島市熱帯植物園

▽沖縄県宮古島市平良東仲宗根添一一六六—二八六

市の案内板によると、現在植物園として使用されている地域は、かつては琉球松の老木が茂る密林が広がっていたそうです。戦時中に日本軍が軍の陣地設営のため琉球松を伐採したため、わずかに残された琉球松と木麻黄などの木々の生育が見られる荒廃した不良林地となりました。やがて旧平良市では、これら林地の利用と市民の憩いの場として、さらに熱帯植物の学術的利用と児童教育の教材として、情操教育の目的のために一九六六（昭和四一）年五月二十四日付けで都市公園計画決定が行われ、一九六六

宮古島市熱帯植物園

七年から造園に着手しました。

この施設はハワイ、台湾、東南アジアの各種植物園と提携し、数多くの樹種を収集したほか沖縄各島に原生する植物を集めて植樹されています。現在、園内には樹木種約一六〇〇種、樹木約四万本が生育しており、沖縄県では最大の人口熱帯植物園です。また一九七八年四月一日付けで沖縄観光名所の指定を受けています。ちなみに面積は一二ヘクタールあります。

✻宮古島海中公園

▽沖縄県宮古島市平良字狩俣二五一一―一

「気軽に海の世界へ」をコンセプトとして宮古島の豊かな海洋資源を活用した体験型の観光施設です。海中観察施設とロビーの展示、さらに磯遊び施設での体験ゾーンと、多様な形態で海を紹介しています。まず海中に設置された海中観察コーナーへ向かいます。「海底への道」と名付けられた長い階段を下りていくと、海中深く突き出した展望室に出ます。ここは横幅二九・六m、奥行き五m、約一五〇㎡の空間が広がっています。前面がガラス張りで水中のカラフルな熱帯魚やウミヘビなど多様な魚の様子が手に取るように観察できます。しかし、海が荒れているときなどは水が濁ったり、魚たちが近づかないこともあるそうです。インストラクターの努力で餌付け効果も少し出て、水層の周りには魚が集まっているようです。ここでは、沖縄の海に生息する比較的大きな貝の展示や海中で使用される道具などの展示も一部行われています。

地上部分のロビーフロアでは、小型の手漕ぎの船や、宮古の海で行われてきた伝統的な漁法の解説、サンゴ礁の説明などのパネル展示が行われています。

この建物を出て少し歩くと木橋が架けられ、「磯遊び施設」への案内表示があります。この表示に従っ

ロビーの展示

小舟の乗船体験ができる

ていくと、小さなプール状の水槽に小魚や磯の生物が飼育されている施設に出ます。ここではシャコ貝などの生物に直接触る体験ができます。また海にはカヤックやサバニとよぶ小舟が浮かべられており、水深の浅い安全な海でその乗船体験ができます。どこかゆったりとした雰囲気があり、なんとなく癒されます。

✻宮古島市地下ダム資料館

沖縄県宮古島市城辺福里一六四五―八

宮古島は亜熱帯式気候に属し、年間降水量は二二〇〇㎜もありますが、そのうちの約五〇％が蒸発してしまい、残りの四〇％は地下にしみ込んで地下水となり、その水は利用できないまま海へ流れ出てしまいます。それは、この島がサンゴ礁でできているため水を通しやすい地質だからです。島では海岸沿いの湧水を飲料水として利用してきましたが、とてもそこか

宮古島市地下ダム資料館

地下ダム

ら農業用水をとる余裕はありませんでした。このため干ばつのたびに水不足による大きな被害が出ました。この被害を食い止めるため、水を通さない地層の上にコンクリートの壁を造り、水を堰き止めて利用するという地下ダムが新たな農業用水源として開発されました。

　現在宮古島には二ヵ所の地下ダムがあります。公開されている福里ダムは総貯水量一〇五〇トンで、壁の高さは二七ｍあります。地下ダムは壁が地下に造られていることから地震による決壊の心配もなく、また石灰岩の隙間に水が溜まるので水没する土地もなく、また地盤沈下や富栄養化の心配もありません。

　この資料館は福里地下ダムの一部を掘り込んで設置されているコミュニティセンターにあり、地下ダムの構造を示すジオラマや解説パネルが掲げられています。川のない島でどのように水を工面するのかという疑問は、地下ダムを知って解決しました。

✻宮古島メガソーラー実証研究設備

▽沖縄県宮古島市城辺

沖縄電力が「平成二一年度離島独立型系統新エネルギー導入実証事業」として、二〇一〇（平成二二）年一〇月一五日に竣工した発電用の本格的な実用実験のための研究設備です。太陽光発電パネルが無数に設置され、四〇〇〇キロワットの発電と四〇〇〇キロワットのＮＡＳ電池設備が設けられています。内部には入れませんが、南東の明るい陽光を浴びて、新しいエネルギーが実用化されつつあることを実感させる設備です。亜熱帯のまばゆい太陽の光は無限でしょうが、台風や地震などの自然災害への対策はどうなっているのか興味があります。

✻雪塩ミュージアム

▽沖縄県宮古島市平良字狩俣一九一

宮古島で生産されている塩の一つに「雪塩」と呼ばれるきめの細かい塩があります。海に突き出た取入口から海水を取り込み、それに熱を加えて塩を精製していくのですが、その工場内に雪塩ミュージアムと呼ぶ小さな展示室があります。ここでは、海からの取水から製品完成までの工程がパネル展示され

雪塩ミュージアム

宮古島メガソーラー実証研究設備

ています。また雪塩の成分分析表などが掲げられています。

展示室内には製品の塩や、岩塩などの結晶が置かれているほか、ポーランドの岩塩、日本の海水塩、アラビア半島の潮の湖など世界各地の製塩法が紹介されています。さらに、塩を利用した簡単なシミ取り法など日常生活に役立つ豆知識がイラスト入りのパネルで示されています。

✽海軍特攻艇格納秘匿壕

▽沖縄県宮古島市平良字狩俣

海軍特攻艇格納秘匿壕

沖縄各地に残る戦跡遺跡の一つです。宮古島の狩俣、南西海岸丘陵地にあります。道路沿いにありますが、海からはあまり離れていません。立札が建てられていなければ単なるブッシュで見過ごしてしまいます。しかし草が繁茂しており、それをかき分けて入る勇気はありませんでした。
本壕、脇壕併せて全長約三〇〇mの規模で五ヵ所の入口を設けています。海軍三一三設営部隊により構築されたもので、一九四五（昭和二〇）年三月から終戦まで第四一震洋特別攻撃八木部隊の特攻艇の秘匿壕として用いられました。宮古にはこのほか連合軍の上陸に備えて久貝のウパーマ、トゥリバーなどの特攻艇の秘匿壕がありましたが、そこから出撃することはなく終戦を迎えました。

✾久松《ひさまつ》五勇士の碑

▽沖縄県宮古島市平良久貝二四三

宮古島の海岸に近い小さな丘の上に、小さな刳り舟を五人が下から支え挙げている様子を表現した記念碑が建てられています。碑には建立の由来と五名の氏名が示され、碑文から次のことがわかります。

日露戦争のさなかの一九〇五（明治三八）年五月二五日、ロシアのバルチック艦隊が宮古島の西北洋上を通過しているのを一人の青年が見つけましたが、当時の宮古島には通信施設がなかったので、この情報を石垣島に知らせることにし、地元の青年五名が太平洋の荒波をもろともせず、刳り舟を漕いで石垣島にたどり着き、五月二七日早暁、八重山通信局から打電し、電信は那覇の沖縄県庁を経由して東京の大本営に伝えられました。

バルチック艦隊発見の報は仮装巡洋艦信濃丸の「敵艦見ユ」の打電のほうが早かったため、宮古島の五人の功績は忘れられていましたが、昭和に入ってからこの事実が教科書に記載されたことで評価されるようになり、郷土の英雄となりました。

碑文には、「積極果敢よく祖国の難に臨み、忠君愛国の至誠に燃えて大節を尽くした壮挙は世の亀鑑なりとして、海軍省をはじめ各関係機関より数々の感状、表彰の光栄に浴した久松五勇士の功績を顕彰し、とこしえに伝えんためにここに碑を建つるものである。一九八六年八月一一日　久松五勇士顕彰期成会」とあります。

久松五勇士の碑

✾仲宗根豊見親《なかそねとゆみや》の墓

▽沖縄県宮古島市平良西仲宗根真玉三―四

一五世紀末から一六世紀はじめの間、宮古を支配していた仲宗根豊見親が、父親の直誉の霊を祀るために築造したと伝えられるものです。構造が宮古独特の「ミャーカ」形式と沖縄本島の形式を取り入れた折衷様式で、この時代のに宮古と沖縄本島との技術交流を知る重要な墳墓です。内部は円形となっており、径六m、高さ二mあまり、畳一〇畳ほどの広さがあります。中央に天井まで石垣が築かれ、前後二室に仕切られています。手前は棺と副葬品、奥は洗骨後の骨壺の安置場所です。一九九三（平成五）年四月に国の史跡に指定されました。

✾アトンマ墓

▽沖縄県宮古島市平良西仲宗根三―三二

仲宗根豊見親の墓の南側に造られた、忠導氏にゆかりのある墓です。ここには同氏族の継室、すなわちアトンマだけを葬ったことから、俗にアトンマ墓と呼ばれています。墓の形式は、岩盤と切り石を組み合わせた掘り込み式囲墓です。墓の構築年代は不明ですが、一九世紀後半には改修・整備されたことが資料から推定されています。

忠導氏は、一六世紀初期に宮古を支配した仲宗根豊見親を元祖として多くの頭職を輩出した氏族で、勢力、財力を背景に、宮古の風習として本妻と同

仲宗根豊見親の墓

アトンマ墓

じ墓に葬ることができなかったアトンマの墓をつくって、その霊をとむらったものと考えられています。一九九三（平成五）年四月に国の史跡に指定されました。

✽知利真良豊見親《ちりまらとゆみや》の墓

▽沖縄県宮古島市平良西仲宗根真玉

一七五〇年頃に、平良の頭職宮金氏寛富が築造したと伝えられています。「ミャーカー」から横穴式墳墓に移る様式のもので、豊見親墓と共に代表的な折衷様式時代の墓です。ツンプンの跡を残すことから「ツンプン墓」とも呼ばれています。知利真良豊見親は仲宗根豊見親の三男で、宮金氏を開いた人物です。宮金氏寛富は一七四五年から一七六二年の間、平良の頭職をつとめ、造林や瓦生産を始めたとも伝えられています。一九九三（平成五）年国指定文化財（建造物）となりました。

知利真良豊見親の墓

漲水御嶽と石垣

✽漲水御嶽《はりみずうたき》と石垣

▽沖縄県宮古島市平良西里八

宮古島市指定史跡とされている漲水御嶽と石垣が道路沿いにあります。この両者は宮古島創生神話などとのかかわりが濃いとされ、宮古人の源流を探る資料としても貴重とされています。石垣は目黒盛の玄孫、仲宗根豊見親（忠導氏祖）が一五〇〇年に中山王府の先導として、八重山のオヤケアカハチらを制圧に向かう際、神霊の加護で勝利したら神域を整備、奉納するという誓願を立てます。めでたく勝利、凱旋し、戦勝記念に構築したと『忠導氏正統家譜』に記載されているとのことです。オヤケアカハチの制圧については異論がありますが、石垣は当時の石工の技術力の高さを示すものとして重要でしょう。一九七四（昭和四九）年に市指定史跡になっています。

✽人頭税石《じんとうぜいいし》

▽沖縄県宮古島市平良荷川取

集落の中にぽつんと縦長の石があり、その傍らに宮古島市経済部商工観光課の立て札があります。そこには人頭税石とあり、かつて民俗学者の柳田國男が『海南小記』でこの石を「ぶばかり石（賦測石）」と称し、この石で背丈を測って石の高さに達すると税を賦課されたという伝承を紹介したことを記しています。

　ところで人頭税とは琉球王府が一六三七年に先島（宮古島、八重山）を対象として設けた新たな税制です。この税制は人口を基準に税（粟・織物）を賦課するもので、役人の見立てにより税を納めさせられました

人頭税石

が、一六五九年には頭数の増減に関係なく「定額人頭税」制となりました。さらに一七一〇年には年齢（一五歳から五〇歳）を基準に税（男性は穀物、女性は織物）の賦課が行なわれるようになりました。

この人頭税制は一九〇三（明治三六）年一月一日の新税法施行に伴って廃止されました。この石柱が「ぶばかり石＝人頭税石」と呼ばれたかは定かではありませんが、人頭税が年齢制になる以前、すなわち役人の見立てで税を賦課されていた頃、あるいはそれ以前に「あの石の高さ程になると税を賦課されるという目安のようなものがあったかもしれません。今日、この石柱については「人頭税石」のほか「屋敷神」「陽石」など多くの説が出されています。

✿大和井《やまとがー》

▽沖縄県宮古島市平良西仲宗根土川

一九九二（平成四）年一二月に国指定史跡となった井戸です。宮古島の市街地の東北部に位置する泉で、『雍正旧記』（一七二七年編）に見える内容から一七二〇年頃に彫られたと考えられています。井戸の周りには大小の切り石を円形に積み上げており、上下通路には石段が設けられています。伝承によると、この井戸は首里王府派遣の役人など一部の者のみが使用し、一般の人々には開放されなかったようです。かつては泉に至るまでに二つの門があり、水守りがいたともいわれています。南島の人々と水とのかかわり、石工技術の優秀さを示す石造道路など類例がないものが見られ貴重です。

大和井への階段

石垣島の博物館

石垣市立八重山博物館

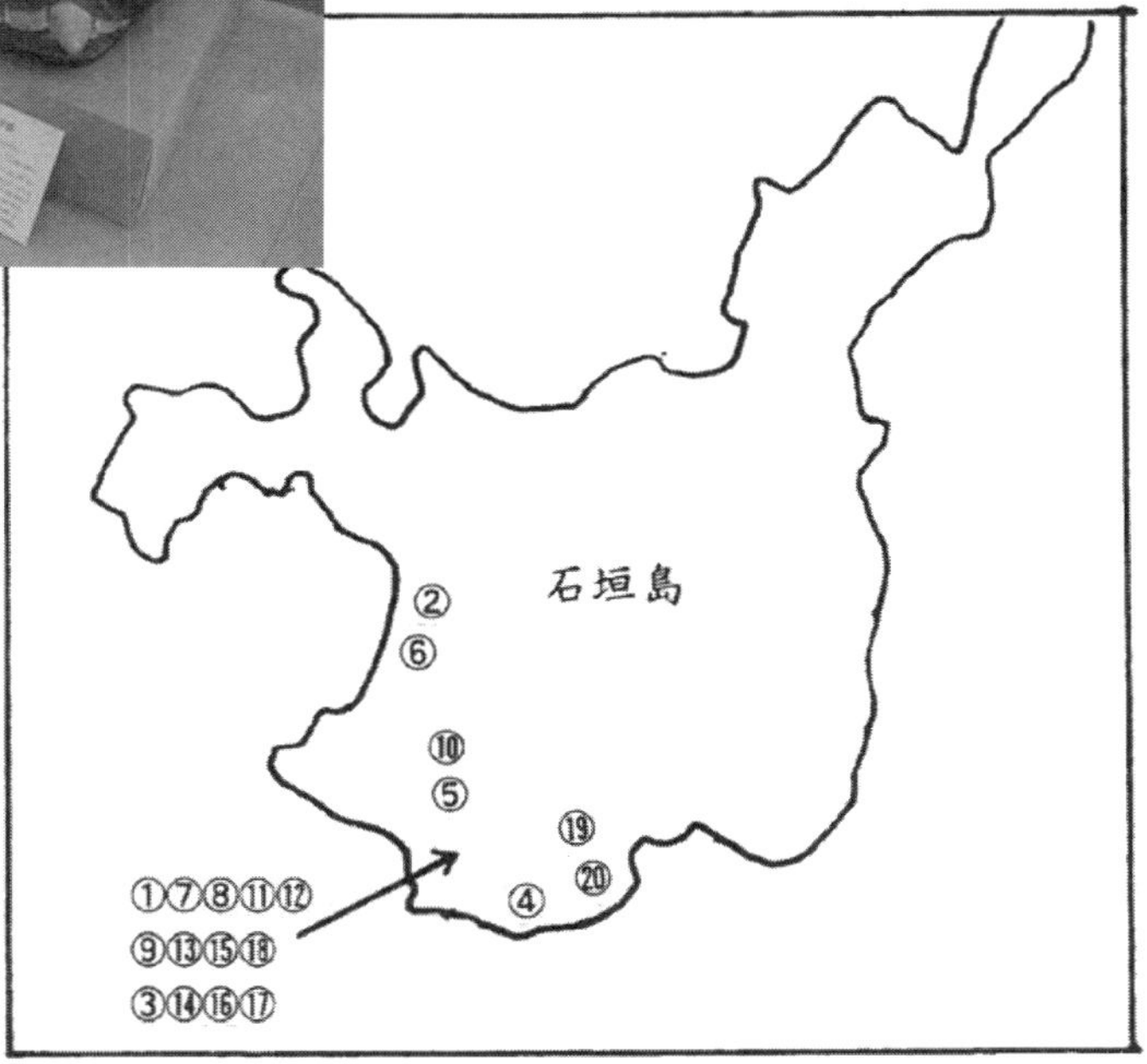

①石垣市立八重山博物館　②石垣やいま村（旧八重山民俗園）
③南嶋民俗資料館　④国際サンゴ礁研究・モニタリングセンター
⑤石垣島鍾乳洞　⑥名蔵アンパル　⑦石垣市伝統工芸館　⑧みんさー工芸館
⑨泡盛博物館　⑩八重泉酒造工場　⑪八重山平和祈念館　⑫大濱信泉記念館
⑬具志堅用高記念館　⑭宮良殿内　⑮石垣氏庭園　⑯桃林寺　⑰権現堂
⑱唐人墓　⑲フルスト原遺跡　⑳津波石

石垣島は、沖縄本島の南西約四一〇㎞に位置します。八重山諸島の政治・経済、文化、交通などの中心地として発展してきました。面積は約二二二・六平方キロメートルで、沖縄本島、西表島に次いで県内三番目の広さです。石垣市の人口は二〇一四年二月現在、約四万九〇〇〇人です。

石垣市立八重山博物館✾　✾宮良殿内
石垣やいま村（旧八重山民俗園）✾　✾石垣氏庭園
南嶋民俗資料館✾　✾桃林寺
国際サンゴ礁研究・モニタリングセンター✾　✾権現堂
石垣島鍾乳洞✾　✾唐人墓
名蔵アンパル✾　✾フルスト原遺跡
石垣市伝統工芸館✾　✾津波岩
みんさー工芸館✾
泡盛博物館✾
八重泉酒造工場✾
八重山平和祈念館✾
大濱信泉記念館✾
具志堅用高記念館✾

✤石垣市立八重山《やえやま》博物館

▽沖縄県石垣市登野城四―一

八重山地方の歴史と民俗を学ぶことができる博物館です。建物はコンクリート造りで、一フロアのみが展示室です。

展示室中央にはこの地方で使われていた木造船が置かれています。周囲を海に囲まれた石垣島での主たる生業は漁業であり、それに関連する道具や民俗行事が残されているのはごく自然なことでしょう。壁面の展示ケースには八重山上布などの織物と着物を見ることができます。また、パナリ焼き土器という独特の焼き物も多く集められています。この焼き物は素地の中に貝殻が入っているという珍しいものです。壺や甕、箱などごく普通に日常使用されるものが大半で、人々の暮らしと密接につながっています。

同じく沖縄独特の陶器製の遺物として厨子甕があります。これは死後、骨を納骨するための骨壺です。ただ私たちの身近で見られる骨壺は白い陶磁器の円筒形のもので、文様、装飾などは全く見られず無味乾燥なものが大半です。しかし沖縄地方では、骨壺として用いられていた容器の形が円筒形や方形のものなどがあり、屋根を付け、その上にも龍などをかたどった派手な色彩の装飾を付けたりしています。大きさも高さ一メートル前後のものや五〇センチ未満のものまで大小さまざまです。このような厨子甕を収納する墓も当然大きくなります。都市化によって大きな墓は見られなくなっていますが、それでも所々に大規模な昔ながらの

石垣市立八重山博物館

八重山地方で使われていた木造船

墓地が残されていることがあります。

ここには葬儀の際に用いられた葬列の輿なども収納されており、沖縄地方で近年まで行われていた葬送儀礼の一端を見ることができます。

民俗文化財では多くの生活用の民具が多数集められていますが、そのほかに西表島地域の民俗行事で用いられた獅子舞の頭や、波照間島の祖先供養の祭礼で用いられた弥勒面などを見ることができます。

八重山地域の政治史に関わる資料として二点の古文書が展示されています。その一つに王府時代の辞令書があります。このような辞令書は、当初は官職の上下に関わらずすべての官吏に出されていたものでした。しかし康熙六年（一六六七）以降は、高官、重職にのみ発給されることになりました。八重山地方では頭職、大阿母に対してのみ首里の王府から辞令書が出されました。ここに展示されているのは乾隆四〇年（一七七五）に長栄氏桃原與人真般に対して「八重山島頭宮良大首里大屋子」すなわち宮良間切の頭職を任命したことを示す辞令書です。この文書は市の文化財に指定されています。このほか一八二三年に出された大阿母の辞令書も展示されています。

沖縄県内のT字路などでよく見かける「石敢當」の典型的なものが片隅に展示されています。石灰岩製、高さ五一センチ、幅三七センチ、奥行一五センチの大きさです。

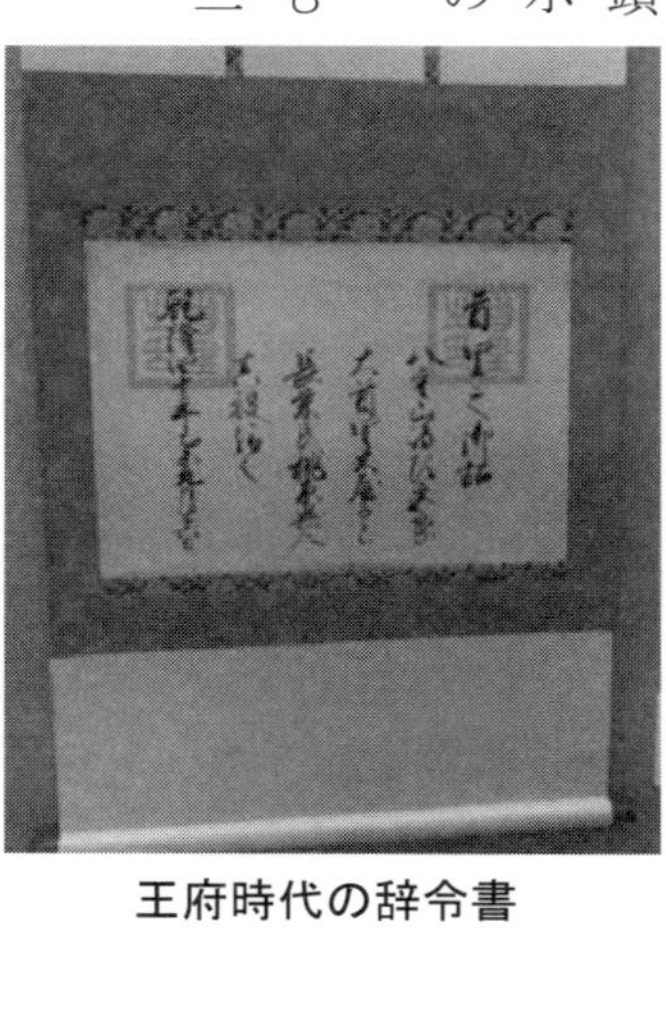

王府時代の辞令書

★★石敢當《いしがんとう》★★

これは中国の習俗に由来する魔除けの石碑で、T字路の突き当りなどに建てられます。八重山博物館の展示品は石垣市内で立てられていたものです。

「大公在此」「泰山石敢當」と併記されて刻まれています。日選びや占いの方法などが記述された中国の書物『玉匣記通書廣集』には、前者の「大公在此」などは起工、建築、修繕などの際に用いる符（まじないの札）に書かれる文言で、両者が併記されているのは、沖縄県内で、この例のみであるとされています。

✽石垣やいま村（旧八重山民俗園）

▽沖縄県石垣市元名蔵九六七—一

石垣島の西側の名蔵湾を望む丘にある「石垣やいま村」には、八重山地方の民家が移築されています。赤煉瓦のこの古民家は二〇〇八（平成二〇）年に国の有形文化財に登録されています。ここは民家とその暮らしを紹介するばかりでなく、リスザルの森があります。リスザルは小型のサルで見た目はかわいいのですが、油断するとバッグなどを奪われてしまうことが多いようです。くれぐれもこの区域に入る時には油断されないように。

石垣やいま村

町中でみかけた石敢當

✻南嶋《なんとう》民俗資料館

▽沖縄県石垣市大川一八八

石垣島の市街地の一角にある民俗資料コレクションを展示する博物館です。建物は旧宮良殿内九代目當泰の四男八重山与人（村長）崎原當貴が所有していた士族の屋敷でした。明和年間の大津波のため大きく損なわれましたが、その後再建された民家です。一九四三（昭和一八）年に改築、さらに一九八六年に解体修理されましたが、床の間や柱はそのまま残し、釘も使用しないという、八重山地域の建築手法で修理したということです。この崎原家住宅は一八〇年の歴史を刻んだ建物なのです。

内部は畳敷きの部屋が連なっており、かつての沖縄の民家の姿を見ることができます。展示資料の多くは戦後の八重山民政府知事吉野高善がアメリカを視察後、地域の民俗を保存する必要性を痛感し収集したものと、この家に伝えられてきた資料が合わせられています。

ガラスケースや棚には、かつて地元で使用されていた、炭火を用いたアイロン、水筒、食器の陶器や籠や桶というような日用品、民具が多く集められています。展示品を見ながら「昔はこれを使っていたのよ」と懐かしそうに話す老婦人がいました。

南嶋民俗資料館

✤国際サンゴ礁研究・モニタリングセンター

▽沖縄県石垣市八島町二―一二七

環境省が石垣島の海岸の一角に設置している施設です。サンゴ礁に関する調査研究が行われているようです。センター内部の公開もされていましたが、サンゴ礁に関する入門的な展示は見られませんでした。

✤石垣島鍾乳洞

▽沖縄県石垣市石垣一六六六

一九九四（平成六）年一一月二二日にオープンした、石垣島の山間部に近い場所にある鍾乳洞です。入口には竜宮城の門をイメージして造られた白い壁に朱塗りの楼門があり、そこに石垣島鍾乳洞の看板があります。門を入ってすぐ左手に長寿ガジュマルと表示されたガジュマルの木があります。これは愛知県の長寿姉妹のきんさん、ぎんさんの訪問記念に植樹されたというもので、この木が長寿であるというのではなさそうです。

この鍾乳洞は全長三二〇〇ｍで全国第七位とのことです。また、鍾乳石の数は五〇万本を数え、石筍の数は日本一で、日本最南端の観光鍾乳洞であると表示されています。入口を入ると大きなケースがあり、その中にはヤシガニが飼育されています。

階段を下りて洞窟の内部に入ります。所々に鍾乳石の解説のカラー写真があります。フォローストーンという表示があり、このような大きな石筍群ができるのは国内では珍しいとのことです。まさにカーテ

石垣島鍾乳洞

ンのように天井から釣り下がっているつらら石と呼ばれる種類のものや、内部が中空でストローのようだと説明されている鍾乳石が見られます。

入口から五一〇mの地点に「神々の彫刻の森」と表示された場所があります。そこにある竜宮アペーと題された石筍などは、まさに神秘的な彫刻を思わせる自然の作品です。ここではケイプパールと呼ばれる小さな粒状になった鍾乳石があります。またまがって成長する鍾乳石へリクタイトの説明もあります。

沖縄はサンゴ礁が知られていますが、鍾乳洞もたくさんあります。公開されているものは多くはありませんが、気の遠くなるような年月を費やして形成され続けている自然の造形に癒されていきます。

石垣島鍾乳洞内の石筍

✼名蔵《なぐら》アンパル

▽沖縄県石垣市名蔵

石垣島の海岸線に沿って走る外周道路にかかる名蔵大橋の東側に広がる湿原です。パンナ岳、前勢岳、沖縄県の最高峰於茂登岳から流れ出る名蔵川などの豊かな水系が注ぎ込む東西一・五km、南北二kmの湿地が名蔵アンパルです。名蔵アンパルはマングローブ林や海岸林、砂浜に囲まれ、水が引くと広大な干潟が現れます。マングローブの群生する林にはカニ類が多く生息し、それらを餌にする野鳥も多く群れています。またここには多くの鳥が越冬のために飛来します。

名蔵アンパルは古くから沖縄の人々に親しまれてきました。「あんぱるぬみだがーまゆんた」という民

名蔵アンパル

謡には名蔵アンパルのことがうたわれています。この湿地は、二〇〇五（平成一七）年一一月八日にラムサール条約湿地に登録されました。

★★ラムサール条約★★

ラムサール条約とは、多くの国が協力して湿地の賢明な利用と保全を図るため、一九七一年イランのカスピ海湖畔の街ラムサールで「とくに水鳥の生息地として国際的に重要な湿地に関する条約」が定められました。日本ではこの条約に登録されている湿地は二〇一二年度現在で、釧路湿原、尾瀬、琵琶湖、三方五湖、宍道湖など四六ヵ所です。沖縄では、名蔵アンパルのほか、久米島の渓流・湿地、沖縄本島漫湖、慶良間諸島海域、与那覇湾が登録されています。

✽石垣市伝統工芸館

▽沖縄県石垣市登野城七八三―二

石垣市の市街地にある博物館で、八重山上布・ミンサーを普及させる目的のもと、石垣市織物事業協同組合が運営しています。館内は三フロアで構成されており、一階は検査室、染色室、作業室、二階は常設展示室、売店、事務室、三階は作業室となっています。常設展示室では、様々な八重山上布と着物が展示されています。

石垣市伝統工芸館

✻みんさー工芸館

▽沖縄県石垣市登野城九〇九

八重山地方の伝統的工芸品である八重山ミンサー織を中心にして、八重山上布などの織物文化を守り未来へ伝えるべく制作活動を行っている株式会社あざみ屋によって設立運営されている博物館です。ミンサー織の歴史や現代のミンサー織の作品などを展示し、制作工程も見学できるようになっています。また手織り体験も行っており、手織りの良さや楽しさを実感できるようになっています。

★★八重山ミンサー★★

その昔、八重山地方では男性が女性の家を訪れて求愛活動を行っていました。これは通い婚、妻問い婚とよばれるものですが、現代でも東南アジアの一部にこの習俗が残っています。通ってくる男性の求愛を受け入れた際には、女性が自分で織った「みんさーふ」という帯を贈っていました。五と四の組み合わせによる絣文様は「いつ（五）の世（四）までも末永く」という願いが込められているということです。両脇のムカデの足に似た文様は、「あし(足)しげくおいでください」という意味が込められているとのことです。

✻泡盛博物館

▽沖縄県石垣市新川一四八—三

石垣市の中心部の市街地からややはずれたところにある博物館です。沖縄地方の地酒のうちでもっとも飲まれているのが泡盛です。石垣島にもいくつかの酒造会社がありますが、その一つの「請福」という銘柄の泡盛を造っている請福酒造が設置している資料館です。

展示室は二階にあります。原料のタイ米から泡盛になるまでの工程が詳しく説明されています。レンガ作りのかまどにかけられた蒸し器、材料のコメを入れていた袋、大きな鉄製の鍋など、酒つくりに用いる昔からの道具類が所狭しと置かれています。道具にはそれぞれ名前と用途を記した小さなパネルが添えられていました。泡盛の完成品を入れた瓶は

泡盛博物館

褐色、緑色、青色と様々で、瓶の形もずいぶんと変わっています。

一階では、この会社の製品が並べられ、販売されています。また片隅には試飲コーナーが設けられており、多くの見学者がいろいろなお酒を飲み比べていました。

泡盛博物館の展示

八重泉酒造工場

八重泉酒造工場のハブ酒

✾八重泉酒造工場

▽沖縄県石垣市石垣一八三四

石垣島にある泡盛製造工場の一つです。工場見学はできませんが、工場に隣接する建物の二階で、泡盛の製造工程をＤＶＤでわかりやすく解説した映像を見せています。また各種の泡盛の製品の実物展示や試飲も行っています。

地元の毒蛇、ハブを泡盛に付け込んだハブ酒の製造工程の説明がありますが、たくさんのハブが漬け込まれたハブ酒の瓶が並んでいるのを見ると、不気味な感じがします。

★★泡盛★★

泡盛はタイ米から作られます。その理由は、蒸しても粘らないこと、団子にならないこと、さらに米のさばきがよいことです。それに対し日本のコメ（ジャポニカ米）は蒸すと粘りが出てしまい泡盛の材料には適しません。醸造酒は原料のアジが伝わりますが、蒸留酒は原料のアジが全く伝わりません。清酒は「寒仕込み」と呼ばれるように寒い時期に仕込む必要があります。発酵の段階でほかの菌が混じらないよう、雑菌が最も少ない冬に作業が行われるのです。しかし沖縄は暑く、残念ながらその製法は適していませんでした。泡盛の製法はまず米を蒸します。そこに泡盛独特の黒麹菌を加えます。この黒麹菌は世界中で泡盛にしか使われません。この菌は発酵段階でクエン酸を発生させます。クエン酸はほかの微生物菌の繁殖を抑える性質があり、沖縄では最も適しているのです。

泡盛はウイスキーやブランデーと同じ蒸留酒と呼ばれる種類の酒です。従って長い期間熟成すればするほどまろやかな美味しい味になります。タンクで熟成した泡盛をブレンドし、アルコール度数を決める割水を行います。これで完成し、瓶詰、出荷となります。

ちなみに三トンのタイ米から一升瓶約二五〇〇本の泡盛ができるとのことです。アルコール度数は二五度、三〇度、四三度などがあります（八重泉酒造展示ビデオから）。

✻八重山《やえやま》平和祈念館

▽沖縄県石垣市新栄町七九—三

太平洋戦争の末期には、多くの人々が悲惨な生活を余儀なくされました。その生活に追い打ちをかけたのがマラリアでした。この病気は熱帯地域を中心に流行するマラリア蚊を媒介とする伝染病で、治療薬の確保が困難な当時にあって、軍によって強制的に移住させられたことから被害が大きくなりました。

この記念館は戦争マラリアの実態を後世に正しく伝えると共に、人間の尊厳が保証される社会の実現と、八重山地域から世界に向けて恒久平和の実現を訴える平和の発信拠点の形成を目指す基本理念のもとに建設されました。

館内の展示は、「アジア・太平洋戦争に起因する沖縄戦」、「沖縄戦と八重山」、「戦争マラリアの悲劇」、「マラリアの根絶に向かって」、「戦争マラリア援護会の活動」、「八重山地域における平和発信拠点を目指して」をそれぞれテーマとして、遺品や写真、解説パネルなどによって構成されています。

✻大濱信泉《おおはましんせん》記念館

▽沖縄県石垣市登野城二—七〇

早稲田大学総長、プロ野球コミッショナーを務めた大濱信泉は石垣島の

八重山平和祈念館

大濱信泉記念館

出身で、石垣名誉市民に選ばれています。この記念館は、その業績をたたえるために建てられました。「人の価値は生まれた場所によって決まるものではない。いかに努力し自分を磨くかによって決まるものである」という大濱信泉の言葉の書額と写真パネルが掲げられています。また、名誉市民の推挙状や名誉市民章が展示されています。

大濱信泉の生まれ育った実家の模型が展示室内に置かれています。ちなみに、実家そのものは石垣やいま村に移築されています。

✽具志堅用高《ぐしけんようこう》記念館

▽沖縄県石垣市新川二三七六—一

ボクシングの世界チャンピオンであった具志堅用高の足跡を記念する博物館です。近頃の具志堅用高は、テレビのバラエティ番組などでピントはずれな発言をするタレントとして有名なようですが、若かりし頃

大濱信泉記念館の展示室

具志堅用高記念館

リングの一部がジオラマに

の凛々しい姿とのギャップはかなりあります。

展示室には、数々のトロフィや盾、チャンピオンベルト、試合で使われたグローブなどが飾られています。また、リングの一部がジオラマで作られ、トレーニングに使うサンドバックが吊されています。

入口近くのミュージアムショップでは、自筆のサイン色紙や扇、似顔絵が描かれたTシャツなどが販売されていました。

✿宮良殿内《みやらどぅんち》

▽沖縄県石垣市大川

一八一九（文政二）年、松茂氏八代宮良親雲上当演が八重山の最高の役職である宮良間切頭職に任命されたことを記念して建てられたと伝えられています。上級士族の様式を備えた構えの建物です。材料は方言ではハナシバーヤというイヌマキで、屋根は本瓦葺で造られています。屋敷を琉球石灰岩を用いた石垣で囲っており、西側中央に表門を作り、その西端に裏門を作っています。表門を入るとヒンプンと呼ばれた独特の築地塀があります。敷地のほぼ中央に母屋の建物を建て、その東側に石組を用いて築山を有する庭園を造っています。

庭園は庭師城間親雲上の設計指導により、琉球石灰岩を主材料に使用して五つの築山を形成しています。これは日本庭園の模倣様式を踏襲するもので、日本庭園の伝播の重要な手掛かりとなるばかりでなく、沖縄地方の近世上級社会における屋敷形成と庭園の関係をもの語

宮良殿内

る貴重な資料とされています。屋敷内にはかつて使用されていた民具がケースで展示されています。この屋敷は公開されており、入場料を支払って中に入り、見学することができます。ただし案内書などの印刷物は訪問時にはありませんでした。

✿石垣氏庭園

▽沖縄県石垣市新川

この庭園は、一八〇〇年ごろ、八重山の大浜間切頭職にあった石垣家の祖先である大浜親雲上の時に造られたと伝えられています。庭園は琉球石灰岩を主な材料として用い、五つの集団の石組を北から南へと低く築いてあります。これらの石組を石段や石橋でつなぎ、所々に枯れた滝を落とし、あるいは島を配しています。庭の背後にはフクギ、築山にはソテツを植栽し、日本庭園の様式を踏襲しながらも、八重山独特な地方色豊かな枯山水を形成しています。この庭園は八重山地域における上流階層の屋敷構えと庭園の関係を知る上で貴重であるばかりでなく、日本庭園史の重要な資料でもあります。

この庭園は、現在も居住されているため一般公開は普段は行われていないようでした。どうしても見学を希望される方は、くれぐれも家人の許可を得てから見学されるように。なお外壁の隙間からでも庭の様子は垣間見えます。

石垣氏庭園

✽桃林寺《とうりんじ》

▽沖縄県石垣市石垣二八五

石垣市の市街地を通るゆいロードにある臨済宗妙心寺派の寺院で「桃林禅寺」と表示されています。道路に沿って仁王門があり、境内には鐘楼、本堂（禅堂）などの伽藍建物があります。仁王門の内部には一九五六年に指定された国指定重要文化財の金剛力士像が安置されています。この像は一七三七年（元文二、琉球・第二尚氏代乾隆二年）久手堅仁屋昌忠、河平仁屋肖昌・小浜仁屋當明の作とされ、現地産のオガタマノキを材料とした寄木つくりの作品です。琉球の人によって作られた現存する最古の仏像として知られています。

仁王門の金剛力士像

桃林寺

✽権現堂《ごんげんどう》

▽沖縄県石垣市石垣二八五

桃林寺に隣接する熊野権現を勧請した神社です。一六一四（慶長一九）年、尚寧王に対し、薩摩藩が寺社建立を進言したことから桃林寺と同時に創建されました。

祭神は熊野権現、切妻つくりの薬医門、拝殿、神殿から構成され、それぞれ軸線上に建築されています。一七七一（明和八）年の大津波によって当初の建物は失われましたが、一七八六（天明六）年に再建、そ

権現堂神殿

権現堂神殿の装飾

の後一八八二（明治一五）年、一九一〇（明治四三）年にそれぞれ改修されましたが、太平洋戦争で大破しました。やがて一九四七（昭和二二）年に修復、その後もたびたびの修復を経て一九八一年、日本最南端に位置する近世社寺建築の唯一の遺構として国指定重要文化財になりました。

八重山では長い歴史のある権現堂ですが、訪れてみると閑散とした静寂の中に朱塗りが鮮やかな神殿と前方に立つ拝殿の色彩の対照が素晴らしく、しばらくは外観に見とれていました。神殿では牡丹の浮彫の装飾が付された肘木、唐獅子をはめ込んだ登高蘭、屋根棟両側の龍頭飾り、両袖にみられる象の彫り物など沖縄独特の意匠が見られます。

✽唐人墓《とうじんばか》

▽沖縄県石垣市新川一六二五―九

石垣島を外周する道路に沿って海岸を見下ろす場所に立派な中国風の屋根を持つ墓碑が建てられています。この唐人墓には、中国福建省出身の中国人一二八人の霊が祀られています。一六世紀以降中国人労働者はクーリー（苦力）とも呼ばれ、世界各地に送り出されていました。

一八五二年二月、厦門《アモイ》で集められた四〇〇余人の苦力は、アメリカ商船ロバート・バウン号に乗せられアメリカ・カリフォルニアに向かっていました。航海の途中、辮髪を切られたり、様々な暴行に耐えかねた彼らは、ついに蜂起し、船長ら七人を殺害してしまいますが、船は石垣島崎枝沖で座礁し、三八〇人が下船しました。八重山政庁の蔵元は冨崎原に仮小屋を建てて彼らを収容します。琉球政府と八重山蔵元では人道的に対応し、島民も彼らに同情し食料などの支援を行いました。

しかしアメリカ・イギリス船が三度も来島し、砲撃を加え、兵を上陸させて厳しく捜索させました。中国人らは山中に逃亡しましたが、捜索兵の銃撃を受けたり逮捕される者も出ました。また、病気になる者、自殺する者も続出しました。死者は一人ひとり石積の墓を作り丁重に葬られました。やがて関係国間の事件処理交渉の結果、一八五三年九月に琉球の護送船二隻によって中国人の生存者一七二名を福州に送還しました。

唐人墓

やがて中国では大規模な苦力貿易反対の運動が起こりました。ここ冨崎原には戦後も煉瓦状墓碑の中国人墓地が散在していましたが、一九七〇（昭和四五）年に石垣市はそれらの霊魂を合祀し供養する墓碑の建設を決め、多くの関係諸機関らの協力を得て、一九七一年に完成、一九七二年三月三一日に記念碑の除幕式が行われました。

✻フルスト原《ばる》遺跡

▽沖縄県石垣市大浜

旧石垣空港の滑走路の延長線上にある小高い丘陵状に築かれた集落の遺跡です。石垣島の英雄伝説に残るオヤケアカハチの拠点であったと伝えられています。遺跡は丘陵の尾根上の平坦なところにに積み石で造られた石塁が続くもので、約一〇メートル四方の空間を囲った石塁が連続する構造になっています。発掘調査と復元工事が進められており、一号石塁は一九九九（平成一一）年度、二号石塁は二〇〇〇年度に、三号石塁は二〇〇一年度にそれぞれ石積が復元されました。

✻津波岩

▽沖縄県石垣市大浜

明和八年（一七七一）三月一〇日午前八時頃、八重山列島東方沖で発生した八重山地震に伴う大津波で海から内陸部に打ち上げられた岩です。石垣市立大浜小学校と道路を挟んだ海側に残されています。三・一一東日本地震に伴う大津波は二〇ｍを超えたとされていますが、明和の大津波はそれに匹敵するか、それ以上であったと考えられています。

下方遥かに見下ろす海岸はあくまで青く、白い砂浜と素晴らしいコントラストで美しい景色を展開していますが、ひとたび地震が起こるとのどかな景色は一変してしまいます。明和の大津波の被害は、八重山諸島で数千人から一万人

フルスト原遺跡

津波で打ち上げられた岩

に上ったとも伝えられていますが、この残された岩の大きさを見ると津波のエネルギーの凄まじさがわかります。

竹富島・西表島の博物館

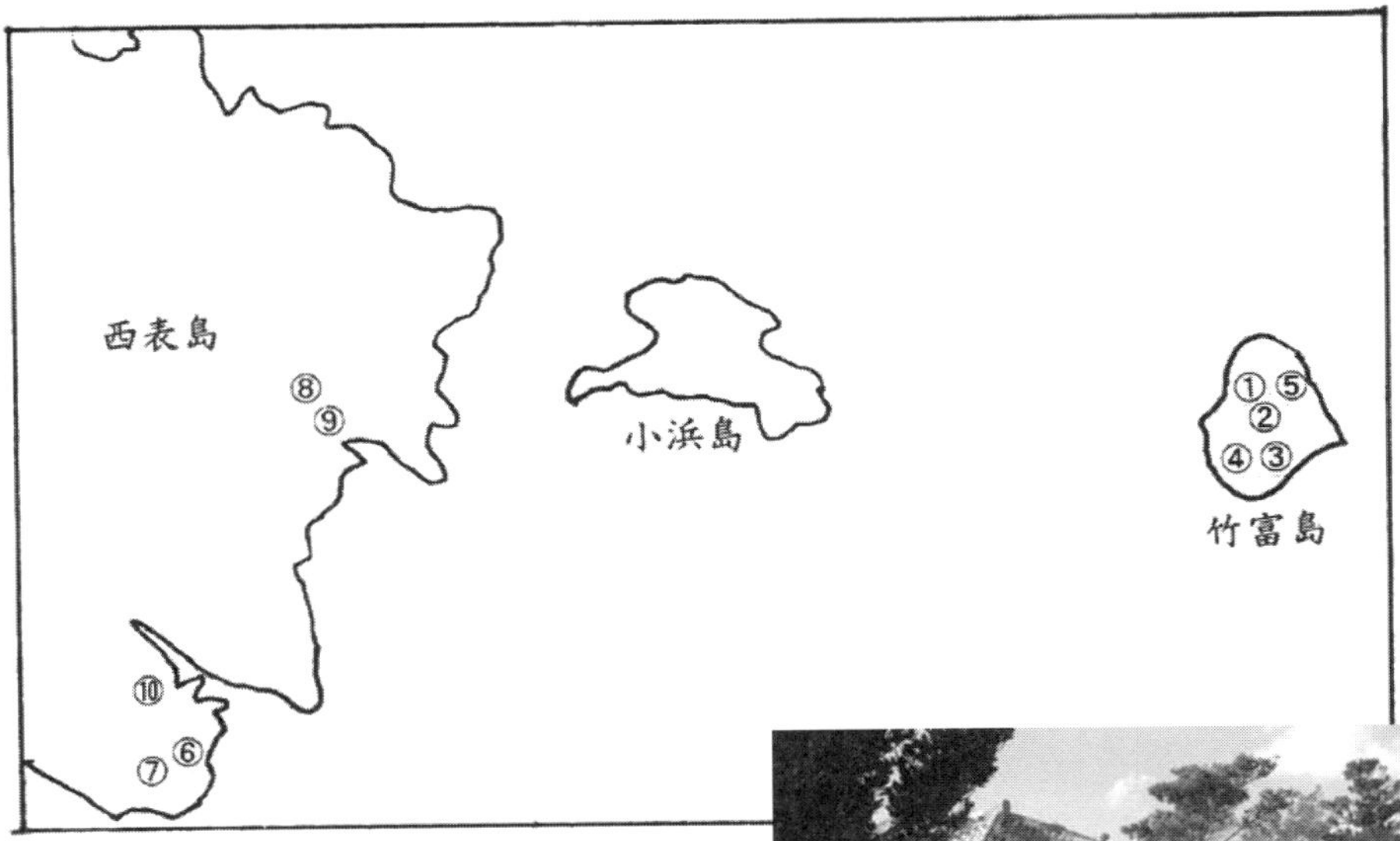

①貴宝院蒐集館　②竹富民芸館　③西塘御嶽
④世持御嶽　⑤竹富島ゆがふ館　⑥南風資料館
⑦竹富町資料館　⑧西表野生生物保護センター
⑨西表熱帯林育種技術園　⑩仲間第一貝塚

竹富町風景

竹富島は、石垣島の西方約六kmにある面積五・四平方キロメートルの小さな島です。二〇一二年現在の人口はわずか三二三人ですが、「星砂の浜」が全国的に有名になったことから、二〇一三年の入域観光客数は四五万人を超えています。

西表島は、八重山諸島最大の島で、面積二八九・三平方キロメートルは県内では沖縄本島に嗣ぐ大きさです。人口二二七〇人のこの島も観光資源に恵まれ、入域観光客数は二九万人を超えています。

竹富島も西表島も行政体は竹富町で、この二島のほか、小浜島・黒島・波照間島・鳩間島・新城島・由布島などの島で構成されています。ちなみに、町役場は町外の石垣島に置かれています。

貴宝院蒐集館✾
南風資料館✾
竹富町資料館✾
竹富民芸館✾
西塘御獄✾
世持御獄✾
竹富島ゆがふ館✾
西表野生生物保護センター✾

✾西表熱帯林育種技術園
✾仲間第一貝塚

✻喜宝院蒐集館

▽沖縄県八重山郡竹富町竹富一〇八

竹富島内に建立された浄土真宗の寺院、喜宝院の前住職が集めた八重山地域の民俗資料や考古学資料を寺の堂内に展示した博物館施設です。サンゴ礁の細かな石を積み上げて作った石垣を巡らせ、壁面には「喜宝院」の文字があり、木製の看板には「最南端のお寺」「沖縄県第1号　国登録有形民俗文化財　蒐集館　入館料３００円」と墨書されています。この石垣の左手には「感謝」と書かれた石碑、白のペイントで「蒐集館」と書かれた大きな壺があります。

喜宝院蒐集館

館内に入ると、中央に仏壇があります。ここは紛れもなく浄土真宗のお寺なのです。さらに棚の目立つところに大きなクジラの骨が置いてあります。琉球大学の教授によると、クジラはごく近海に生息するものですが、海岸に打ち上げられたということは珍しいそうです。とにかく、室内には所狭しと物が置かれ、壁面にも仮面が隙間なく飾られています。

「民具館」と看板が出ている部屋には、この島で日常生活に使われてきた包丁や食器、お米の容器をはじめ、のこぎり、鎌、鍬、鋤など農工具、竹で編まれた籠類など、ごちゃまぜの状態で置かれています。また陶磁器も大型の甕や壺から小型の壺や鉢、皿までぎっしりとガラスケースに入れられています。この地方で使用されていたパナリ焼と呼ばれる素焼きの土器は、素地に貝殻を含んでおり、独特なものです。

喜宝院蒐集館の展示

「染色館」の看板のある部屋には、芭蕉布などこの地域の織物が集められています。糸繰りに使われた糸車も見られ、自給していたことがわかります。展示されている着物は、折り目が粗く風通しの良い、見た目も涼しそうな材質のものばかりです。しかし細かな文様が施されたものや色調豊かに染められたものなどもあり、おしゃれ心が垣間見えます。

ここには数千点の資料が集められており、その中には貴重なものが多く含まれていることから、二〇〇七（平成一九）年に竹富島の生活用具八四二点が国の登録有形民俗文化財になりました。しかし、展示物のあまりの多さに、どこから見ていけばよいのやら迷うかもしれません。

▽沖縄県八重山郡竹富町南風見二〇一―三七

✻南風《なんぷう》資料館

西表島にある竹富町役場西表東部出張所にほぼ隣接している博物館です。ごく普通の近代的な民家という雰囲気ですからとまどわれるかもしれません。展示室も外見と同様、やや散らかった居間のようでした。館長の個人コレクションを展示しているもので、自らコレクションについて熱くかつ丁寧に説明していた

南風資料館

だきました。

展示品には、大きな青海亀の剥製、椰子蟹の剥製、ブータンの切手をはじめ世界中の珍しい切手、コイン、などがあります。とくに切手は、世界一大きな切手とされるブータンの切手や、刺繍切手、音の出る切手、匂う切手など珍しいものがあります。コインでは、重量の重いものや日本の近世、近代の硬貨をはじめ、ぞろ目番号の紙幣、かつて使用されていた百円札の札束やドル紙幣、昔のポスターなどが分類されず雑然と置かれていました。

✾竹富町《たけとみちょう》資料館

▽沖縄県八重山郡竹富町南風見

西表島にある竹富町役場西表東部出張所の一階に造られた小規模な展示施設です。この島の天然記念物でもあるイリオモテヤマネコの剥製がケース内に並んでいます。いかにも野生の猫のように歯をむき出して威嚇している表情のものや、ゆったりと歩く姿のもの、あるいは子猫のようなものまで五頭の剥製が収められています。次に、この島に生息する

イリオモテヤマネコの剥製の展示

イノシシの剥製が、親子とみられる二頭ともう一頭置かれています。さらにヤシガニの剥製標本があり、傍らには小型のカニの標本が多数配置されています。

生息する生物の展示に続いて岩石、鉱物の展示があります。ケースの床面には畳が敷かれ、その上には赤い布、さらにその上に岩石のブロックが置かれています。壁面のガラスケースの上下二段の棚には、こうもりや小鳥類、中型の水鳥の剥製が並べられています。また、覗きケースの中にも蝶の標本がぎっしりと詰め込まれています。展示スペースが少なく、ケースに入るだけ入れたのでしょう。展示標本にも気の毒と思えましたが、実はもっと気の毒だったのは、公務多忙な中、突然の見学希望に対応していただいた村の職員の方だったのかもしれませんが……。

✽竹富民芸館

▽沖縄県八重山郡竹富町竹富

竹富島のほぼ中央にある平屋建ての施設です。ガラスケースには織物の材料となる糸がまとめられています。竹富の織物の歴史が年表にまとめられていますが、あまりに細かな文字で書かれていて、とてもすべてを読み終えることはできませんでした。また、布が完成するまでの工程を詳しく解説されたパネルも掲げられています。八重山と竹富の絣製品の違いについても、布地の見本によって説明しています。

竹富民芸館

展示室の奥には機織りや糸繰りの道具が多数置かれています。ここで体験学習ができるのかもしれません。訪問時には近くで作業を行っていなかったため、それを聞きそびれてしまいました。帯やのれんなど作品の展示もあり、コースターなどの小物が販売されていました。

✽西塘御嶽《にしとううたき》

▽沖縄県八重山郡竹富町竹富

西塘は、一五〇〇年のオヤケアカハチの反乱の際、八重山に派遣された琉球王府将軍の大里大将に見いだされ、王府に仕えました。この間に首里城近くの園比屋武御嶽石門を修築しました。また首里城の城門や弁ヶ嶽の石門の修築も行ったとされています。当時、王都首里で盛んに行われていた石造建築のすぐれた技術者でした。これらの業績によって西塘は一五二四年竹富大首里大屋子に任じられて帰郷を果たします。やがて竹富島のカイジに蔵元をおいて八重山を統治します。ちなみにこの場所は、かつて西塘が居住した場所でしたが、死後墓が造られ、村の守り神として祭られました。現在ここは県の文化財に指定されています。

西塘御嶽

✽世持御嶽《ユームチうたき》

▽沖縄県八重山郡竹富町竹富

竹富島の中央付近に大きな広場と鳥居、さらにはこんもりと木の茂った森が残されています。ここは琉球王府時代には村番所が置かれた場所で、竹富村誕生の一九一五年から一九三八年まで村役場がありました。それらの跡地に火の神と農耕の神を祀ったのが世持御嶽です。秋の戊午の日を中心とした一〇日間に行われる種子取祭《たねとりさい》は国の重要無形文化財に指定されています。

✻竹富島《たけとみじま》ゆがふ館

▽沖縄県八重山郡竹富町竹富

竹富島の東港の岸壁の近くに、二〇〇四（平成一六）年六月二四日に開館した、竹富島のインフォメーションセンターです。竹富島全体をミュージアムと見立てたフィールド・ミュージアムのガイダンスセンターとしての機能を持たせようとしているようです。この館の名前は、世果報《ゆがふ》すなわち天からのご加護により豊穣を得るという意味だそうです。竹富島の人々が天からの恵みによって暮らしてきたという歴史を示した言葉でもあるのでしょう。

たとえば島では夏本番を「ショーロー」とよぶことや、涼しくなってくると秋の種子取祭がやってくることなど、また、島の伝統行事を淡白な色彩でイラストに描いて解説の文字を書いたパネルなどをつけて、花織の布地を垂らした壁面にかけています。また小さなケースには地元の民具なども展示されています。ここでは洒落たイラストなどで竹富島をアピールする工夫が行われています。紹介の映像も美しく、竹富島の見学の前にガイダンスとして立ち寄られてはいかがですか。

竹富島ゆがふ館

✻西表《いりおもて》野生生物保護センター

▽沖縄県八重山郡竹富町古見

西表島の内陸部にある、国指定の天然記念物イリヤマテヤマネコの保護に資するために国が設置した施設です。建物入口を入ったところからイリオモテヤマネコの展示が始まります。まずはイリオモテヤマネコをどの程度知っているのかという検定があります。受験するかは自由ですが、全問正解者には記念品がもらえるそうです。この時は初級のみでしたが、今はどの程度まで級が上がっているのでしょうか。

この検定は横目で見てスルーして展示室に向かいます。正面の壁には、様々な動物の情報を満載した紙が隙間なく貼られています。右手の順路にしたがって行くと、そこにも西表が動植物の宝庫であることが強調されています。生息動物に関する分布や特徴についての情報がパネルで連続しています。たとえば海岸の生物では、ツノメガニやスナガニの巣穴が見られます。さらに波打ち際には二枚貝やヤシガニの仲間などの生息が見られるそうです。また季節が四月から一〇月と限定されますが、ウミガメが産卵のために砂浜にやってきます。さらに時たまイリオモテヤマネコの足跡が残されているとも書かれています。

イリオモテヤマネコの展示

西表島のジオラマが置かれ、島を鳥瞰することができます。次は「イリオモテヤマネコの世界」と題するコーナーです。まず希少な動物の剥製展示があり、イリオモテヤマネコのほかにカンムリワシやキジバト、ヨナクニカラスハト、ウスアカヒゲという鳥たちの剥製があります。このほか、生息する野鳥の剥製やイノシシの剥製もあります。

マングローブの林には多くのカニが生息しています。八重山地方では八種類のカニが知られています。ヒメシオマネキ、オキナワシオマネキ、ハクセンシオマネキ、ベニシオマネキ、リュウキュウシオマネキ、ヤエヤマシオマネキ、ルリマダラシオマネキ、ミナミヒメシオマネキです。このほかの生息する生物として淡水魚、爬虫類、ハブ、貝類、昆虫類などがわかりやすく紹介されています。

鳥類の展示

イリオモテヤマネコについては、剥製と骨格標本の二種類が展示されています。その生息数の推定方法が面白いので紹介しておきます。まず低地部（人為的環境を除く）と高地部のそれぞれについて生息密度を調査します。それぞれの低地部、高地部の生息密度とそれぞれの面積を掛けることで生息数が推定されるとのことです。しかし地区によってもその密度が必ずしも一定しないことが明らかとなり、それらを補正して検討した結果は、島全体の生息数が合計九九頭になるということです。しかし交通の発達によって事故多発のため生息数が著しく減少していることに危惧の念を抱かざるを得ません。今更かもしれませんが、彼らの生息地域の保護保全に全力を注ぐ時期をすでにはるかに過ぎているようにも感じますが……。

✻西表《いりおもて》熱帯林育種技術園

▽沖縄県八重山郡竹富町古見

西表野生生物保護センターへの進入路の途中に独立行政法人森林総合研究所林木育種センターの施設があります。熱帯林は近年世界的にも急速に減少しています。この状況を受け、この技術園では熱帯、亜熱帯林の保護育成に寄与貢献するため主要増殖林の育種について日夜研究活動が行われています。

ここには建物などの設備はなく、むしろこの地域の自然条件をそのまま

西表熱帯林

受け入れながら育種しているという植物園です。技術園内には遊歩道が設置されており、ハイビスカス、ナリヤランなどの花卉植物をはじめ、琉球松、グアヴァの木、イジュの木さらにはユーカリ、アカシアなどの木が育成されています。樹種の名称は一部に名板が設置されていますし、道順も案内板があります。

✽仲間《なかま》第一貝塚

▽沖縄県八重山郡竹富町字南風見仲

西表島の仲間川河口に造られた今から一〇〇〇年～一二〇〇年前の貝塚です。ここからは土器類の遺物は全く出土しておらず、石器（石斧、叩き石、凹石、石鏃など）、貝製品、開元通宝、青磁片、鉄釘などが出土しています。土器を伴わない新石器時代の無土器遺跡として全国的にも珍しい遺跡として知られています。県指定の史跡の表示板が建てられています。

仲間第一貝塚

与那国島の博物館

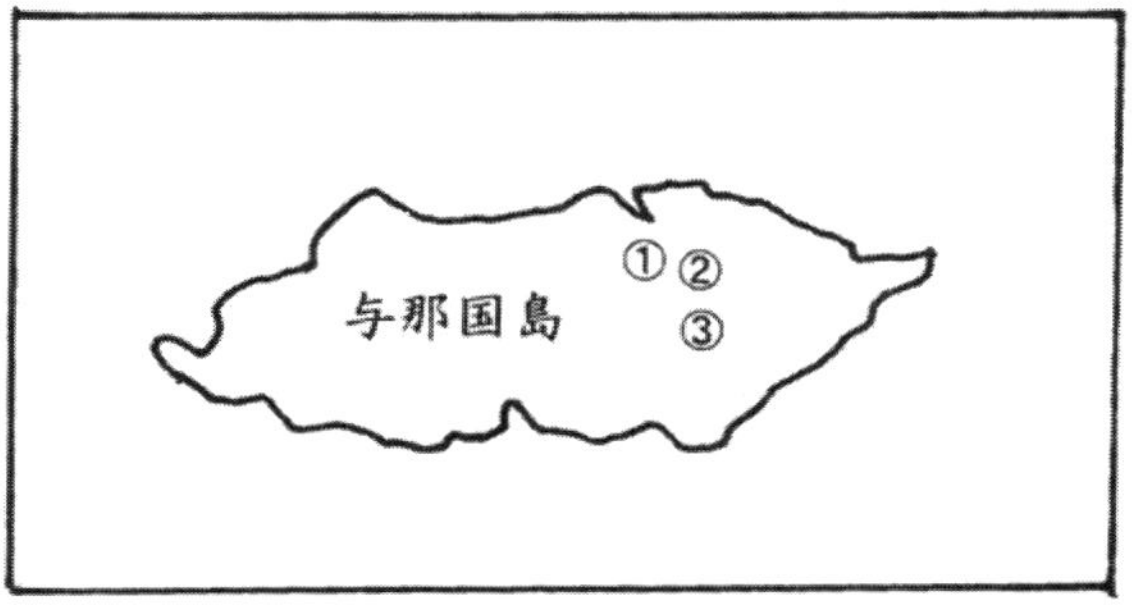

①与那国民俗資料館　②与那国町伝統工芸館　③アヤミハビル館

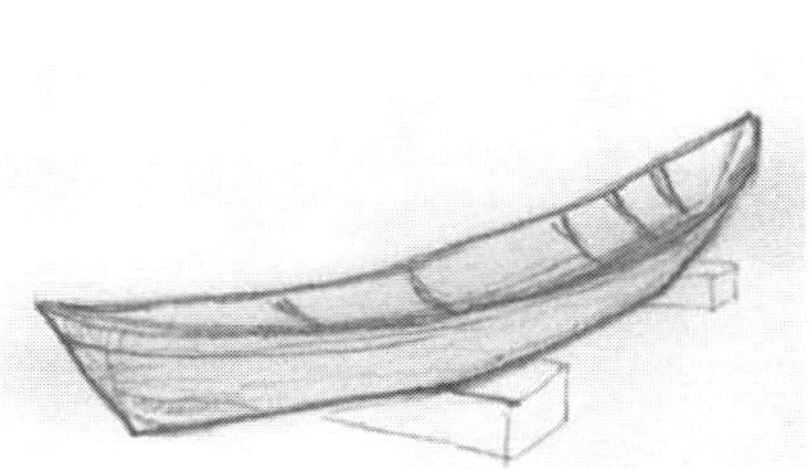

サバニ

与那国島は、晴れた日は台湾の山々が見えるという、日本最西端の国境の島です。面積は二八・九一平方キロメートル、与那国町の人口は約一五〇〇人です。

与那国民俗資料館✿
与那国町伝統工芸館✿
アヤミハビル館✿

✿与那国《よなぐに》民俗資料館

▽沖縄県八重山郡与那国町与那国四九―二

与那国島祖納地区の郵便局に隣接する二階建ての建物の一階が資料館です。看板がないと気づかないかもしれません。館長の池間苗さんの収集したコレクションが部屋いっぱいに展示されています。彼女は大正期にこの島で生まれ育ったそうです。

ガラスケースにはこの島で織られた芭蕉布、絹、もめんなど様々な織物が集められています。クウミヤと呼ばれた子守り着は昭和三三年頃まで与那国島で使われていた独特のもので、着物の形をしており、赤ん坊を背負うときには袋のようになるそうです。またアイミログと呼ぶ麻の

与那国民俗資料館

ような粗い目の植物繊維を編んで作られたゆりかごも天井から吊るされていました。

このほかにも、おそらく酒を入れたと思われる甕や、竹筒を斜めに切り、外面を赤く塗って「米寿祝」と書かれた祭具、縄編み機、柱時計、草鞋、むしろ、石臼、器臼、杵などこの島でかつて使われていた道具が集められ、それらに手描きの名前と解説が付されていました。

✽与那国町《よなぐにちょう》伝統工芸館

▽沖縄県八重山郡与那国町与那国一七五—二

与那国島の中心部の高台に、役場か学校を思わせる鉄筋コンクリート二階建の建物があります。

与那国島で作られている織物は「花織」と呼ばれています。その織物の伝統を引き継ごうと、伝統工芸館では後継者育成に取り組んでいます。

「織物後継者養成室」と墨書された看板が掲げられた部屋の床面には木製の機織り機が無造作に置かれています。展示ケースには縞織りの反物が五個、専用の衝立にかけられ、長く垂れ下げられており、その前には作者の名前が表示されています。ケースの前には糸紡ぎを行うのに用いる糸車などが置かれているのですが、展示されているとは言い難い状況でした。

与那国町伝統工芸館

与那国民俗資料館

入口の壁面の極彩色のタイル絵

✻アヤミハビル館

▽沖縄県八重山郡与那国町与那国二二一四

与那国島の小高い丘の頂上付近に設置されているこの館は、島に生息する世界最大級の蛾、アヤミハビルの展示館です。建物入口の壁面には極彩色のタイル絵があります。そこには、アヤミハビルが二匹飛ぶ様子と、放牧されている馬、二人の伝統武術を行う民俗衣装の人物、さらに百合の花と輝く太陽など与那国島の特徴が見事に表現されています。

奄美群島の博物館

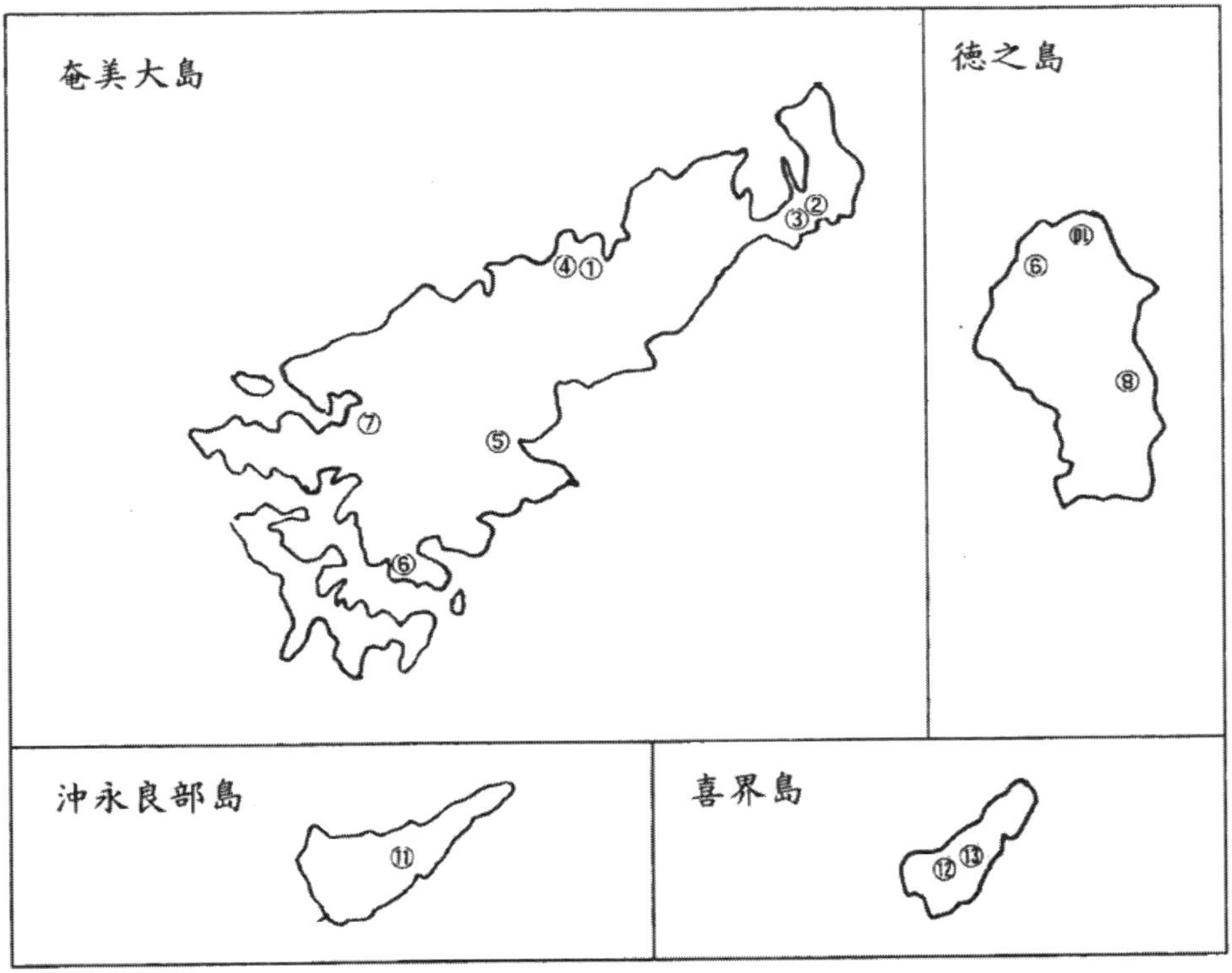

①奄美市立奄美博物館　②奄美パーク　③田中一村記念美術館　④奄美海洋展示館
⑤(財)奄美文化財団 原野農芸博物館　⑥瀬戸内町立郷土館
⑦宇検村生涯学習センター「元気の出る館」　⑧天城町ユイの館　⑨徳之島町郷土資料館
⑩伊仙町歴史民俗資料館　⑪和泊町歴史民俗資料館　⑫喜界町歴史民俗資料室
⑬喜界町埋蔵文化財センター

奄美群島は鹿児島県に属していますが、沖縄に近いため、言語・風習をはじめ琉球文化の影響を強く受けています。本書では、奄美大島・徳之島・沖永良部島・喜界島の博物館・資料館などをご紹介します。

【奄美大島】

奄美市立奄美博物館✽
奄美パーク✽
田中一村美術館✽
奄美海洋展示館✽
(財)奄美文化財団 原野農芸博物館✽
瀬戸内町立郷土館✽
宇検村生涯学習センター「元気の出る館」✽

【徳之島】

天城町ユイの館✽
徳之島町郷土資料館✽
伊仙町歴史民俗資料館✽

【沖永良部島】

✽和泊町歴史民俗資料館

【喜界島】

✽喜界町歴史民俗資料室
✽喜界町埋蔵文化財センター

【奄美大島】

✽奄美市立奄美博物館

▽鹿児島県奄美市名瀬長浜町五一七

奄美市は二〇〇六（平成一八）年三月に奄美大島の名瀬市、笠利町、住用村の三市町村が合併してできた行政体です。旧市町村の名瀬市は江戸時代に薩摩藩の在番所（刈屋）が置かれたこともあり、奄美群島地域の政治、経済、文化の中心地でもありました。現在、奄美大島を訪ねるには航空機を利用することが多くなりましたが、奄美群島の人々は鹿児島から沖縄までの島々の往来には定期船を利用しており、名瀬の港が起点になっています。奄美の政治や経済はこの名瀬の港を中心として展開しました。

奄美市立奄美博物館は名瀬港の西岸先端部分にあり、旧名瀬市によって一九八七（昭和六二）年に設置されました。名瀬港に入る船から見ると、隣の文化センターとともに博物館の白い建物群は際立ってよく見えます。博物館に近づくと、海に面した広い中庭があり、奄美群島の特徴的建物である高倉が六棟移築されて並んでいます。

博物館に入ると、受付カウンターがありますが、受付に人がいないことがあります。そんな時には受付に備えてある太鼓（チジン）

奄美市立奄美博物館

エントランスの展示

を叩いてください。すぐ横の事務室から誰か出てきて対応してくれます。

博物館は三階建てで、一階から二階の一部は吹抜けになっており、ここが第一展示室になっています。吹抜けの中空に海を渡る漕ぎ船が吊るされ、一階の床には二艘の手漕ぎ船が置かれています。漕ぎ船は奄美の島と島を結ぶ航海船、手漕ぎ船は近海での漁労船です。右手の壁面には近世期に作られた奄美群島の地図があり、奄美の島々をつなぐ航路と各島々の集落分布が示されています。第一展示室のテーマである「海は母」を示すオブジェ的な展示です。

一階奥の壁面展示ケースには奄美市内のフワガネク遺跡群から出土したヤコウガイ製貝匙やヤコウガイ、土器の他、奄美群島で出土する中世陶器であるカムィヤキ製品が展示されています。ヤコウガイ製貝匙は古墳時代から平安時代にかけての日本や朝鮮半島で珍重され、特に朝鮮半島では伽耶や新羅の王陵から出土することが分かってきました。朝鮮半島ではヤコウガイを採集できないことからすれば、どうやら奄美群島で作られたヤコウガイ製貝匙が運ばれ、王陵に収められることになったようです。どのようにしてこれらのヤコウガイ製貝匙が運ばれることになったのか、興味深く感じられるところです。また、カムィヤキ製品は徳之島カムィヤキ窯跡群で生産され、一一～一三世紀頃の琉球列島の島々にもたらされました。カムィヤキ製品の分布圏は後の琉球王国の版図に重なり、その生産と流通についての諸説が提示されています。これらの資料は奄美群島の歴史を語る上で注目される資料です。

また、一階のロビーには奄美と深いかかわりを持った小説家、島尾敏雄についてのパネルや著作が展示されています。島尾敏雄は『死の棘』などの作品を残していますが、九州帝国大学文学部史学科の出身で、海軍特攻艇である震洋の部隊長として加計呂麻島に配備され、終戦を迎えたことで知られています。この経験をもとにした『特攻艇学生』などの小説もあり、戦後の一時期は鹿児島県立図書館奄美分館長として、旧名瀬市に住んでいたこともありました。パネル展示では奄美在住中の島尾敏雄の姿が紹介されています。

二階は「郷土のくらしと文化」をテーマとし、考古、歴史、民俗資料によって奄美群島の歴史や文化を紹介する展示を行っています。琉球列島の島々の祭祀を司った神女（ノロ）の資料や、戦後の米軍統治時代に行われた日本復帰運動の資料など、奄美の歴史や文化の特色を知ることができます。また、ロビーのパネル展示では「琉球嶌真景」や「南島雑話」など、近世期に描かれた奄美群島の風景や風俗画について、解説と現況との比較を行っており、かつての奄美群島の姿を思い浮かべることができます。

三階は「大地と海」をテーマとした自然分野の展示です。奄美の島々に棲む動物、昆虫、植物のジオラマ展示や剥製、骨格標本、魚類や貝殻資料などが展示され、亜熱帯島嶼域である奄美群島の自然的特徴を知ることができます。

この他、日常的に公開されていませんが、奄美博物館には奄美群島に関するさまざまな図書、文書、映像、民俗芸能などに関する資料が収集、保管されており、奄美群島の自然、歴史、文化などについての情報の多くをここで入手することができます。このこともあり、奄美博物館は奄美群島を訪ねるさまざまな研究者にとって重要な情報の収集拠点施設となっています。

✻奄美パーク

▽鹿児島県奄美市笠利町節田一八三四

奄美パークは、二〇〇一（平成一三）年に鹿児島県によって旧奄美空港の敷地に作られた、奄美群島の自然、歴史、文化、産業、観光などに関する情報を紹介する観光施設です。現奄美空港から奄美大島の中核都市である奄美市名瀬の街まで向かって車で五分ほどのところにあり、定期バスもパーク内まで乗り入れています。パーク内にはドーム型の天井をもつ建物「奄美の郷」と野外の多目的広場や高倉群、散策のための公園、展望台などと、奄美の風景を描いた画家である田中一村を記念した美術館などがあります。

定期バスの停留所は「奄美の郷」の建物の正面にあります。建物内に入ると、右手にチケット売場と案内カウンターがあり、赤い制服を着たコンパニオンさんが館内の概要と総合展示ホールや田中一村美術館の入場券の購入方法を教えてくれます。案内カウンターの先の建物の中央には客席が並べられたステージがあり、奄美の島唄や民俗芸能、島々を紹介するイベントが行われているようです。ステージの外周部分では奄美群島の島々ごとに特産物や観光に関する情報を集めて紹介するスペースが設けられています。

奄美パーク

有料の総合展示ホールは、奄美群島によく見られる民家の庭先を復元したジオラマを中心に、奄美の自然や日々の暮らし、年間祭祀などを紹介した展示があります。

最初の展示である「海の道」は、海から浜辺の集落へと入る道筋のイメージ展示です。ガラス張りの床下のサンゴ礁を見ながら進んだ先には刳り船があり、そこに色とりどりの魚貝類や漁具が置かれています。

民家の庭先を復元したジオラマ

「シマの道」には、村の祭祀と日常の生活を紹介する復元建物があります。民家の建物の庭先でソテツの実を割る女性やメンコで遊ぶ男の子、さらには縁側で転寝《うたたね》する女の子などの人形がかなりリアルです。民家の建物と反対側の壁面では動画映像と写真などで奄美の四季を通した暮らしが紹介されています。

出口につながる「森の道」では、奄美の森を模したジオラマがあります。亜熱帯の植物や動物、昆虫類、さらには奄美の森に棲む妖精あるいは魔物とされるケンムンが迎えてくれます。ケンムンの声に送られながら総合展示ホールを出ると、奄美の伝統的織物である紬の機織り機を置いた民家の庭先に出て、そこでもリアルなおじいさんの人形が待っています。民家の先には奄美シアターと名付けられた映像室が設けられており、ここでも赤い制服のコンパニオンが「亜熱帯の輝き—奄美の海と森の物語」という約二〇分の奄美群島紹介映像の視聴を薦めてくれます。

奄美大島の各地を訪ねる前に奄美パークに立ち寄り、いろいろな情報を得るのもよいかもしれません。

「奄美の郷」の建物から屋根付き通路を通った先に田中一村美術館があります。

▽鹿児島県奄美市笠利町節田一八三四

✿田中一村記念美術館

田中一村は栃木県出身の画家で、五〇歳の時に奄美大島へ移住し、奄美の自然を描き続けました。生前

田中一村記念美術館

はほとんど顧みられることのなかった画家ですが、逝去後の一九八四（昭和五九）年にＮＨＫ教育テレビの日曜美術館で取り上げられて以来、その作風と生涯に関心を持つ人が増え、二〇〇一（平成一三）年に鹿児島県が奄美パークを開園するに際して、記念美術館が設置されることになりました。

一九〇八（明治四一）年生まれの田中一村は、彫刻家であった父の影響を受け継いだのか、幼少の頃から画才を発揮し、南画家として頭角を現しました。一八歳で東京美術学校日本画科に入学するものの、わずか二ヶ月で中退し、以後は中央画壇から距離を置いた創作活動に従事します。五〇歳の時、奄美大島に移り住み、奄美特産の紬工場で染色工として得た収入に拠りながら奄美の自然を題材とした絵を描き続けました。奄美在住中に制作した作品を発表しないまま亡くなりましたが、逝去後に田中一村を取り上げたテレビ番組が放映され、その作風への関心と評価が高まり、記念美術館の設置に繋がりました。

美術館は田中一村の生涯を東京時代、千葉時代（三〇～五〇歳）、奄美時代（五〇～六九歳）に区分し、それぞれの時期の作品を三つの常設展示室で公開するとともに、二〇〇八（平成二〇）年に田中一村生誕一〇〇年を記念した特別展示室を設けて代表的な作品を展示しています。常設展示室は年四回の展示替えが行われ、常時約八〇点の作品が公開されています。

奄美パーク内の「奄美の郷」から渡り通路を進み、記念美術館の中に入ると、左手にチケット売場と受付カウンターがあります。美術館の常設展示室は奄美の伝統的建物である高倉をイメージした三つの高床建物からなり、中庭を配した回廊型の建物から展示室へと逆時計周りに巡るように配置されています。入口の右手にガイダンス室があり、田中一村の生涯と画風についての紹介映像約二〇分を見てから、展示室へ向かうと良いでしょう。展示室は高床式のため、床が少し高くなっており、歩く時の足音がわずかに響きます。日頃、多数の観覧者がまとまって入ることは少ないこともあり、足音の響きはむしろ心地よい音楽のようですが、多数だとうるさいかもしれません。各展示室の作品はやはり年齢を重ねるごとに変化していく作風を示しています。最後の特別展示室では田中一村の創作世界をもう一度再確認することができます。

田中一村は画家としての社会的な名声と金銭的な充足からは程遠い清貧そのものの生涯を過ごしました。その中で、自らの作風の確立に執念を燃やし、創作を続けた姿に対して、多くの人々の共感と尊敬が生まれるのだと実感される記念美術館です。

✿奄美海洋展示館

▽鹿児島県奄美市大浜

奄美海洋展示館は、奄美市が奄美のサンゴ礁とそこに生息するさまざまな生物たちの生態を紹介するために設けた施設です。市内の大浜海浜公園内にあり、貝の断面をイメージさせるような円弧を組み合わせた平面を持つ二階建ての建物の中にあります。海岸に面した建物の中央に入口があり、中に入ると中央にサンゴ礁の海が再現されたガラス張りの水槽があり、熱帯魚が泳いでいます。右手にやや小さめの水槽が置かれ、生きたサンゴが観察できるようになっています。その奥に進むと貝や海藻、さらには奄美のサンゴ礁のさまざまなエビ類の水槽があります。

二階へ上がると、入口正面に見えたガラス張りの水槽を上から見ることができるようになっており、一方には砂浜が再現されています。ここでは亀を飼育しており、観覧者がレタスなどの葉野菜を与えることができるようになっています。二階の右手は岸辺の風景を再現したジオラマがあり、奄美の人々とサンゴ礁域の動植物との関係について展示されています。二階の奥は階段状の映像室があり、「太陽（ティダ）からの贈り物—奄美のサンゴ礁」という一五分ほどの奄美のサンゴ礁の生態を紹介した映像をみることができます。また、二階の海側には展望テラスが設けられており、東シナ海に沈む太陽を見るにはとてもよさそうな配置になっています。

展示館全体は手作り感あふれる施設ですが、大型の水族館を見慣れた人にはやや物足りないかもしれません。

奄美海洋展示館

✻財団法人奄美文化財団　原野《はらの》農芸博物館

▽鹿児島県奄美市住用町山間八一一—一

奄美大島の東海岸に深く入り込んだ住用湾はマングローブが発達していることで知られ、カヤックによるマングローブの観察ツアーなども行われています。この住用湾の湾奥の一角に、動物園、植物園、水族

原野農芸博物館

館を含めた複合施設の奄美アイランドがあります。その一角に財団法人奄美文化財団原野農芸博物館が設けられています。

原野農芸博物館は個人収集による国内外の農具コレクションの公開のため、一九六四（昭和三九）年に設けられました。はじめは服部農業博物館という名称で大阪府内にありましたが、一九六三年に原野農芸博物館と改称し、一九九一年に現在地（奄美市住用町）に移転しました。一九九二（平成四）年からは現在の財団法人奄美文化財団原野農芸博物館となっています。

博物館の展示室のある建物は三階建てで、展示室は一階です。二、三階は奄美アイランドの宿泊施設として利用されているようです。

博物館では「照葉樹林文化地帯の暮らしと民具」をテーマとした展示を行っており、東南アジア地域と日本の民俗資料を比較展示する手法を取っています。

二〇一〇（平成二二）年、奄美大島住用地区は集中豪雨に見舞われ、各所で土砂崩れや鉄砲水が発生し、大きな被害が生じました。奄美アイランドも裏手の谷から土石流が押し寄せ、施設の多くが土砂に埋もれてしまいました。博物館の収蔵資料にも被害が及び、休館を余儀なくされましたが、二〇一四（平成二六）年春、展示活動が再開されています。

✿瀬戸内町立郷土館《せとうちちょう》

▽鹿児島県大島郡瀬戸内町古仁屋一二八三—一七

瀬戸内町は奄美大島の南端部とその対岸に位置する加計呂麻島、その南の請島、与路島などの島々からなる行政体です。奄美大島と加計呂麻島の間の大島海峡は奥行約二〇km、湾口部幅約二kmの入り組んだ内湾となっており、古くから琉球列島を航海する際の重要な停泊地となっていました。

瀬戸内町立郷土館は図書館との合築で、町民には図書館・郷土館として親しまれています。建物は二階建てで、一階が図書館と事務室、二階が郷土館です。展示室は時計回りに一周する構造で、考古、歴史、民俗資料によって瀬戸内町の概観を紹介する展示が行われています。

瀬戸内町立郷土館

✿宇検村《うけんそん》生涯学習センター「元気の出る館」

▽鹿児島県大島郡宇検村湯湾二九三七—八三

奄美大島西部の宇検村にある「元気の出る館」は、ホール、図書室、資料展示室を備えた村民会館的な建物です。元気の出る館という名称がユニークですが、高齢化、過疎化が進む中で、村の活性化を図ろうという思いが込められているようです。

エントランスから入った正面に教育委員会の事務室があり、その右手に図書室と資料展示室共用の出入口があります。図書室で受付の人に資料展示室を見学したい旨をことわって中に入ります。開架型の書架を右手に見ながら五mほど入った左手が資料展示室です。

展示室は、村内で発掘された倉木崎海底遺跡に関する考古資料と、村内に残る神女関係資料などの民俗資料の二つから構成されています。倉木崎海底遺跡は奄美大島西北端に位置する岬である倉木崎とその沖合いに位置する枝手久島の間の海峡で確認された海底遺跡です。水深一～五ｍ、幅約二〇〇ｍ、奥行五〇〇ｍほどの海峡の中ほどから中国産陶磁器が採集されたことを契機として発見され、宇検村教育委員会が青山学院大学考古学研究室の協力を得て発掘調査しました。海底に大量の陶磁器が散布しており、一二世紀後半から一三世紀のものとされています。展示されている陶磁器は調査の際に引き揚げられたもので、倉木崎遺跡はこれらの陶磁器を積んだ交易船が遺跡の近くで座礁して積荷の一部を投棄した、あるいは沈没した可能性が考えられています。

　倉木崎遺跡の発掘調査は奄美群島で行われた初めての海底遺跡に対する調査でした。また、出土した陶磁器の年代は琉球列島社会の中で、琉球王国が形成されていく初期段階に位置づけられることから、ここに陶磁器を残した貿易船の性格について様々な関心を呼ぶことになりました。展示室内には倉木崎遺跡に近い宇検集落に保存されていた中国船のものとみられる碇石も展示されており、中国との交易航路として奄美群島を含む島々が利用され、そのことが琉球列島社会の発展を促し、琉球国の成立に

元気の出る館

神女の扇の展示

つながった可能性を想定しています。

民俗資料は神女の扇や衣装などを中心とした展示です。奄美群島は一五世紀の段階で琉球国の支配下に入り、神女制度をはじめとして琉球国の統治システムが導入されました。神女制度は女性神役が集落の祭祀を司る制度で、琉球国の最高神女である聞得大君《きこえおおきみ》を頂点として、村々に神女が配置されました。村々の女性神役は首里王府が任命し、扇や勾玉、衣装、これを収める漆櫃などが支給されました。展示された資料は村内の字に残っていた資料です。琉球王国が廃され、近代日本の沖縄県に強制編入された後は神女制度の維持が次第に難しくなり、現在では神役が不在の村々が多くなってきました。このこともあり、神女が保持していた衣装や道具が用いられることも少なくなり、中には廃棄されてしまったところもあります。地元の博物館や資料館に保管、展示された神女資料は村々で行われていた祭祀と女性神役の姿を伝えてくれる重要な資料です。

【徳之島】

✽天城町《あまぎちょう》ユイの館

▽鹿児島県大島郡天城町天城四三九―一

徳之島は天城町、徳之島町、伊仙町の三行政体に区分されています。島の北西部に位置するのが天城町で、徳之島への空路となる徳之島空港

天城町ユイの館

サンゴ石灰岩岩礁のジオラマ

は天城町にあります。天城町ユイの館の「ユイ」とは「共同」「労働力の交換」の意味であることが建物入口の説明板に示されています。これは琉球列島の島々に広く共通する考え方で、助け合い、相互扶助の精神を示します。

　中央に円筒型の吹き抜けを配した建物は個性的で、内部の中央には琉球列島のサンゴ礁の海に見られる高さ約三m、直径約五mほどの石灰岩岩礁が設けられています。展示はこの石灰岩岩礁の周りに自然分野、ここから導かれる一階の展示室に歴史分野、二階の展示室に民俗分野の資料が展示されています。中央の円筒型建物の二階から三階にかけては螺旋状の通路が設けられており、中央の石灰岩岩礁を上から見下ろすことができるようにつり橋型の通路が設けられています。

　展示室は基本的に写真パネルや説明パネルを作りこんだ構成になっており、天城町を中心としながらも徳之島の自然、歴史、文化を紹介する内容となっています。

✿徳之島町《とくのしまちょう》郷土資料館

▽鹿児島県大島郡徳之島町亀津二九一八

　徳之島町は徳之島の北東部を占めます。徳之島東海岸の港である亀徳港を擁し、海上交通上の要衝の町です。郷土資料館は亀徳港の隣に位置する亀津の街中にあり、図書館、中央公民館、教育委員会社会教育課が入った三階建ての徳之島町生涯学習センターの中にあります。エレベーターで三階に上がると、中央にロビー、正面に展示室入口、右手に事務室があります。展示室入口に置かれた記名簿に名前を記入して内部に入ると、展示室は時計回りに「郷土のあゆみ・歴史・先人」、「徳之島の暮らしと伝統工芸」、「徳之島の自然—山—」、「徳之島の自然—海—」の四つで構成されています。また、展示室前の中央ロビーでは写真パネルを用いた徳之島の闘牛の特集展示が行われています。

徳之島町は戦後に活躍した大相撲の関取である朝潮太郎の出身地です。このこともあり、展示室の中には朝潮関に関する動画や写真パネル、化粧回しなどが展示されており、相撲ファンにとっては懐かしい姿を確認できます。

徳之島町郷土資料館展示室の入口

✻伊仙町《いせんちょう》歴史民俗資料館

▽鹿児島県大島郡伊仙町伊仙二六三八

伊仙町は徳之島の南半部を占める行政体です。伊仙町では一九八〇（昭和五五）年に歴史民俗資料館を設置し、伊仙町に関する自然、歴史、民俗、美術資料を展示していました。その後、一九八三年に町内で一一～一三世紀に操業されていたとされるカムィヤキ古窯跡群が発見され、その調査が継続的に行われて、二〇〇六（平成一八）年には国指定史跡となりました。カムィヤキ古窯跡群で生産された資料は鹿児島県薩摩半島から沖縄県八重山諸島までの琉球列島全体に広く分布しており、琉球列島の歴史が展開する上で重要な役割を果たしたと評価されています。このこともあり、伊仙町では歴史民俗資料館の中のカムィヤキ古窯跡群の資料展示を充実させてきました。

二〇一二年に入り、徳之島内にあった県立高校の統廃合が行われて、伊仙町内にあった徳之島農業高校は徳之島町にあった徳之島高校と合併したことから、徳之島農業高校校舎の一部を伊仙町教育委員会が使用することとなりました。この際、伊仙町では老朽化、狭隘化した歴史民俗資料館を旧徳之島農業高校の建物に移築することとし、平成二五年に開館しました。

新しい歴史民俗資料館は四階建ての旧校舎を利用し、一階に展示室と事務室、二階以上が収蔵庫になっています。一階の展示室は考古、歴史、民俗資料からなる「むかしのくらしコーナー」と、岩石や動植物、魚貝類を取り扱った「徳之島のしぜんコーナー」があります。「むかしのくらしコーナー」にはカムィヤキ古窯跡群の出土資料を中心とする資料が展示されています。高校であった建物を再利用した展示室のため、部屋の構造や採光などの問題がありますが、町内の自然や歴史、文化についての調査、研究を充実させようとする試みがうかがわれる資料館となっています。

伊仙町歴史民俗資料館

展示室

【沖永良部島】

✻和《わ》泊町《どまりちょう》歴史民俗資料館

▽鹿児島県大島郡和泊町根折一三一四―一

沖永良部島は二つの行政体に分かれており、北東半部は和泊町、西南半部は知名町となっています。沖永良部島へ入るには、航空機を利用する場合には和泊町北端部の岬に作られた沖永良部空港、船舶による定期航路を利用する場合には、和泊町の東海岸に位置する和泊港もしくは知名町の知名港を利用することとなります。

和泊町歴史民俗資料館は和泊町の中央に位置する越山の東麓にあり、隣接して和泊町研修センターが設置されています。和泊町を含む沖永良部島はユリの球根栽培が盛んであり、この資料館の中心テーマもユリです。展示室の中央に沖永良部島でユリの球根栽培が盛んとなった歴史やユリの種類についての展示があり、この周囲に民俗、考古、歴史資料が展示されています。市街地から少し離れているため、移動手段を確保した島内巡りをする途中で立ち寄ってみることをお勧めします。

和泊町歴史民俗資料館

【喜界島】

✻喜《き》界《かい》町《ちょう》歴史民俗資料室

▽鹿児島県大島郡喜界町赤連一八―二

喜界島は奄美大島の東方海上に位置する隆起サンゴ礁石灰岩を基盤とする一周四〇㎞ほどの島です。島の東側は標高二〇〇ｍの丘陵から一気に下る断崖になっているのに対して、西側は数段の階段状段丘になっており、海岸部には砂丘が発達しています。島の海岸線には大小さまざまな入江が形成され、これを中心として集落が分布しています。喜界町役場は西海岸の湾集落にあり、湾港からは奄美大島や鹿児島を結ぶ定期船が出港しています。

湾集落のやや高台、標高約二〇ｍの砂丘上に喜界町中央公民館があります。渡り廊下で繋がれた建物の二階に歴史民俗資料室が設けられています。

展示室は島内から集められた民俗資料、歴史資料を中心として構成され、これに自然資料の紹介が加えられています。民俗資料には農業、漁業などの生業に関する資料のほか、日々の生活で用いる用具などがあり、歴史資料には神女（ノロ）関係資料が多く見られます。

一時期は見学者のある時のみ開室していましたが、今は中央公民館が開館している間は開室され、解説員も配置されています。

喜界町歴史民俗資料室（2階）

✾喜界町埋蔵文化財センター

▽鹿児島県大島郡喜界町滝川

喜界島では農業が盛んで、サンゴ礁が隆起してできた島内の段丘部分は耕作地としての利用が進んでいます。近年、古くから開墾されてきた耕作地を整備するための圃場整備事業が鹿児島県農政部によって計画され、これを前提とした埋蔵文化財の調査が継続的に実施されています。その過程で日本の古代～中世に位置付けられる城久遺跡群をはじめとした大型遺跡群が発見され、日本史と琉球史の枠組みを大きく書き換える内容をもつ遺跡として関心が高まっています。

これを重く見た喜界町は二〇一三（平成二五）年度に喜界町埋蔵文化財センターを設置し、城久遺跡群出土資料を中心とした町内出土埋蔵文化財資料の収蔵と公開、展示を行っています。センターは旧滝川小学校の建物を利用しており、展示室は教室を転用したものです。設置されたばかりで、まだまだ展示室として完成した状態ではありませんが、これから少しずつ充実が図られていくものと考えられます。

喜界町埋蔵文化財センター

あとがき

沖縄本島及び久米島、宮古島、石垣島、竹富島、西表島、与那国島などの沖縄県、及び奄美大島、徳之島、沖永良部島、喜界島などの鹿児島県に所属する島々にある博物館を訪ねてみました。独特の文化を育んできた歴史があり、興味尽きないさまざまな事象がそこに展開しています。

博物館は、歴史、民俗、文化、自然などを包括し凝縮した内容で構成されています。近年観光の目的が多方面にわたり、とくに娯楽的傾向が強くなっているようにも感じます。そのため、せっかくの施設も閑散としているところも多いようです。一方で、関係者の創意工夫によって集客数が増えている施設も少なくありません。博物館も、過去を知り未来を見据えた新たなる発見・発信や再認識の場所となるように変わっていかなければならないでしょう。

本書の刊行にあたり、訪れた多くの博物館の関係者の方々に温かいご助言、ご指導をいただきました。厚く感謝申し上げます。また博物館を訪れることで改めて気付かされたことや再認識した知見も少なからずあります。本書が、博物館及び地域の発展にいささかでもお役にたつことがあれば望外の幸です。

本書の執筆は、沖縄本島及び奄美諸島は池田、久米島、宮古島、石垣島、竹富島、西表島、与那国島は中村が主として担当しました。また構成、編集については池田、中村が協議・協同して行い、平澤公裕、奈良部桂子、男里真紀の各氏の協力を得ました。ここに記して感謝の意を表します。

平成二五年五月

池田榮史
中村　浩

参考文献

沖縄博物館協会編『沖縄の博物館ガイド』沖縄博物館協会、一九九〇年。

沖縄博物館協会編『沖縄の博物館ガイド』編集工房東洋企画、二〇〇八年。

池田榮史「沖縄県博物館史」『國學院大學博物館学紀要』第十八輯、一九九三年。

沖縄県教育庁文化課編『世界遺産琉球王国のグスク及び関連遺産群』「琉球王国のグスク及び関連遺産群」世界遺産登録記念事業実行委員会、二〇〇一年。

名嘉正八郎『グスク探訪ガイド―沖縄・奄美の歴史文化遺産［城］』ボーダーインク、二〇〇二年（二〇一〇年再版）。

當眞嗣一『琉球グスク研究』琉球書房、二〇一二年。

知念勇・金武正紀・当真嗣一・田名真之『カラー版グスクロード　沖縄の城ものがたり』むぎ社、一九八八年。

沖縄大学地域研究所編『世界遺産・聖地めぐり　琉球・奄美・熊野・サンチャゴ』芙蓉書房出版、二〇一三年。

「沖縄県」『角川日本地名大辞典』四七、角川書店、一九八六年。

沖縄県立博物館『沖縄県立博物館五〇年史』一九九六年。

『博物館展示ガイド』沖縄県立博物館・美術館、二〇〇七年。

『那覇市立壺屋焼物博物館概要』那覇市立壺屋焼物博物館、一九九八年。

『壺屋焼物博物館常設展ガイドブック』那覇市立壺屋焼物博物館、一九九八年。

『沖縄県平和祈念資料館　総合案内―平和の心を世界へ』沖縄県平和祈念資料館、二〇〇一年。

財団法人沖縄県女師・一高女ひめゆり同窓会『ひめゆり平和祈念資料館ガイドブック（展示・証言）』二〇〇四年。

「恵子美術館オープン記念特別大増頁特集号」『すけっちぶっく』第2号、恵子美術館、一九九八年。

米国陸軍省編・外間正四郎訳『沖縄　日米最後の戦闘』光人社ＮＦ文庫、一九九八年。

田中洋三『沖縄県民斯ク戦ヘリ―太田實海軍中将一家の昭和史』光人社ＮＦ文庫、二〇〇七年。

大田昌秀『沖縄の帝王　高等弁務官』久米書房、一九八四年。

大城将保『琉球政府』ひるぎ社、一九九二年。

＊ここに掲げた文献のほか、沖縄地域に関するガイドブック、各博物館の展示図録や解説書などを参照させていただきました。なお取材時期の関係で状況が変化している博物館もあるかと思いますが、可能な限り新しい情報に差し替えてきました。また、各博物館のホームページや関連サイトも適宜参照させていただきました。

博物館所在地

■那覇市

沖縄県立博物館　那覇市おもろまち三―一―一
沖縄県立美術館　那覇市おもろまち三―一―一
那覇市歴史博物館　那覇市久茂地一―一―一　パレットくもじ四階
那覇市立壺屋焼物博物館　那覇市壺屋一―九―三二
対馬丸記念館　那覇市若狭一―二五―三七
ゆいレール展示館　那覇市安次嶺三七七―二
首里城公園　那覇市首里金城町一―二
玉陵　那覇市首里金城町
識名園　那覇市真地四二七
不屈館　那覇市若狭二―二一―五
沖縄セルラー・スタジアム那覇　野球資料館　那覇市奥武山町四二―一
福州園　那覇市久米二―二九
琉球大学資料館・風樹館　中頭郡西原町千原一
沖縄県立埋蔵文化財センター　中頭郡西原町字上原一九三―七

■沖縄本島南部
（豊見城市・南風原町・南城市・八重瀬町・糸満市）

豊見城市歴史民俗資料展示室　豊見城市伊良波三九二
旧海軍司令部壕　豊見城市豊見城二三六
南風原文化センター　島尻郡南風原町喜屋武二五七
沖縄陸軍病院南風原壕群二〇号壕　島尻郡南風原町兼城七一六
おきなわワールド　南城市玉城字前川一三三六
斎場御嶽　南城市知念
八重瀬町立具志頭歴史民俗資料館　島尻郡八重瀬町具志頭三五二
沖縄県平和祈念資料館　糸満市摩文仁六一四―一
沖縄平和祈念堂・美術館　糸満市摩文仁四四八―二
清ら蝶園　糸満市摩文仁四四八―二
ひめゆり平和祈念資料館　糸満市伊原六七一―一

■沖縄本島中部
（浦添市・宜野湾市・北中城村・沖縄市・読谷村・うるま市）

浦添グスク　浦添市仲間二

浦添グスクようどれ館　浦添市仲間二―五三―一

浦添市美術館　浦添市仲間一―九―二

宜野湾市立博物館　宜野湾市真志喜一―二五―一

佐喜真美術館　宜野湾市上原三五八

中城グスク　中頭郡北中城村・中城村

中村家住宅　中頭郡北中城村大城一〇六

沖縄市郷土博物館　沖縄市上地二―一九―六

沖縄こども未来ゾーン・沖縄こどもの国　沖縄市胡屋五―七―一

読谷村立歴史民俗資料館　中頭郡読谷村座喜味七〇八―六

読谷村立美術館　中頭郡読谷村座喜味七〇八―六

座喜味グスク　中頭郡読谷村座喜味

うるま市立石川歴史民俗資料館　うるま市石川曙二―一―五五

勝連グスク　うるま市勝連

■沖縄本島北部
（恩納村・宜野座村・名護市・本部町・今帰仁村）

恩納村博物館　国頭郡恩納村仲泊一六五六―八

琉球村　国頭郡恩納村山田

宜野座村立博物館　国頭郡宜野座村宜野座二三二

名護博物館　名護市東江一―八―一

おきなわフルーツランド　名護市為又一二二〇―七一

オリオンビール工場　名護市東江二―二―一

美ら海水族館　国頭郡本部町石川四二四

海洋文化館　国頭郡本部町石川

熱帯ドリームセンター　国頭郡本部町石川

本部町立博物館　国頭郡本部町大浜八七四―一

今帰仁村歴史文化センター　国頭郡今帰仁村今泊五一一〇

今帰仁グスク　国頭郡今帰仁村今泊五一〇一

■久米島

久米島博物館（旧久米島自然文化センター）　島尻郡久米島町嘉手苅五四二

久米島ホタルの里・ホタル館　島尻郡久米島町大田四二〇

五枝の松　島尻郡久米島町上江州七七一

熱帯魚の家　島尻郡久米島町比屋定

久米島紬の里ユイマール館　島尻郡久米島町真謝一八七八―一

久米仙酒造工場　島尻郡久米島町
上江州家住宅　島尻郡久米島町西銘
旧仲里間切蔵元跡　島尻郡久米島町真謝
具志川城跡　島尻郡久米島町仲村渠
宇江城跡　島尻郡久米島町宇江城岳
君南風殿内　島尻郡久米島町仲地
天后宮　島尻郡久米島町真謝
久米島ウミガメ館（ウミガメ館）　島尻郡久米島町奥武一七〇

■宮古島

宮古島市総合博物館　宮古島市平良東仲宗根添一一六六―二八七
ドイツ皇帝博愛記念碑　宮古島市平良西里一八三―四
うえのドイツ文化村　宮古島市上野宮国七七五―一
恵子美術館　宮古島市平良下里五九二
宮古島海宝館　宮古島市城辺字保良五九一―一
宮古島市熱帯植物園　宮古島市平良東仲宗根添一一六六―二八六
宮古島海中公園　宮古島市平良字狩俣二五一一―一
宮古島市地下ダム資料館　宮古島市城辺福里一六四五―八
宮古島メガソーラー実証研究設備　宮古島市城辺
雪塩ミュージアム　宮古島市平良字狩俣一九一
海軍特攻艇格納秘匿壕　宮古島市平良字狩俣
久松五勇士の碑　宮古島市平良久貝二四三
仲宗根豊見親の墓　宮古島市平良西仲宗根真玉三―四
アトンマ墓　宮古島市平良西仲宗根三―三二
知利真良豊見親の墓　宮古島市平良西仲宗根真玉
漲水御嶽と石垣　宮古島市平良西里八
人頭税石　宮古島市平良荷川取
大和井　宮古島市平良西仲宗根土川

■石垣島

石垣市立八重山博物館　石垣市登野城四―一
石垣やいま村（旧八重山民俗園）　石垣市元名蔵九六七―一
南嶋民俗資料館　石垣市大川一八八
国際サンゴ礁研究・モニタリングセンター　石垣市八島町二―二七
石垣島鍾乳洞　石垣市石垣一六六六
名蔵アンパル　石垣市名蔵
石垣市伝統工芸館　石垣市登野城七八三―二
みんさー工芸館　石垣市登野城九〇九
泡盛博物館　石垣市新川一四八―三
八重泉酒造工場　石垣市石垣一八三四

八重山平和祈念館　石垣市新栄町七九―三
大濱信泉記念館　石垣市登野城二―七〇
具志堅用高記念館　石垣市新川二三七六―一
宮良殿内　石垣市大川
石垣氏庭園　石垣市新川
桃林寺　石垣市石垣二八五
権現堂　石垣市石垣二八五
唐人墓　石垣市新川一六二五―九
フルスト原遺跡　石垣市大浜
津波石　石垣市大浜

■竹富島
貴宝院蒐集館　八重山郡竹富町竹富一〇八
竹富民芸館　八重山郡竹富町竹富
西塘御嶽　八重山郡竹富町竹富
世持御嶽　八重山郡竹富町竹富
竹富島ゆがふ館　八重山郡竹富町竹富

■西表島
南風資料館　八重山郡竹富町南風見二〇一―三七
竹富町資料館　八重山郡竹富町南風見
西表野生生物保護センター　八重山郡竹富町古見
西表熱帯林育種技術園　八重山郡竹富町古見

仲間第一貝塚　八重山郡竹富町字南風見仲

■与那国島
与那国民俗資料館　八重山郡与那国町与那国四九―二
与那国町伝統工芸館　八重山郡与那国町与那国一七五―二
アヤミハビル館　八重山郡与那国町与那国二一一四

■奄美大島
奄美市立奄美博物館　鹿児島県奄美市名瀬長浜町五一七
奄美パーク　鹿児島県奄美市笠利町節田一八三四
田中一村記念美術館　鹿児島県奄美市笠利町節田一八三四
奄美海洋展示館　鹿児島県奄美市大浜
(財)奄美文化財団　原野農芸博物館　鹿児島県奄美市住用町山間八一一―一
瀬戸内町立郷土館　鹿児島県大島郡瀬戸内町古仁屋一二八三―一七
宇検村生涯学習センター「元気の出る館」　鹿児島県大島郡宇検村湯湾二九三七―八三

■徳之島
天城町ユイの館　鹿児島県大島郡天城町天城四三九―一

徳之島町郷土資料館　鹿児島県大島郡徳之島町亀津二九一八

伊仙町歴史民俗資料館　鹿児島県大島郡伊仙町伊仙二六三八

■沖永良部島

和泊町歴史民俗資料館　鹿児島県大島郡和泊町根折一三一四―一

■喜界島

喜界町歴史民俗資料室　鹿児島県大島郡喜界町赤連一八―二

喜界町埋蔵文化財センター　鹿児島県大島郡喜界町滝川

著者
中村　浩（なかむら　ひろし）
1947年大阪府生まれ。1969年立命館大学文学部史学科日本史学専攻卒業。大阪府教育委員会文化財保護課勤務を経て、大谷女子大学文学部専任講師、助教授、教授となり現在、名誉教授（校名変更で大阪大谷大学）。博士（文学）。この間、福井大学、奈良教育大学非常勤講師ほか、宗教法人龍泉寺代表役員（住職）。専攻は、日本考古学、博物館学、民族考古学（東アジア窯業史）、日本仏教史。『和泉陶邑窯の研究』、『古代窯業史の研究』、『古墳文化の風景』、『古墳時代須恵器の編年的研究』、『須恵器集成図録』、『古墳時代須恵器の生産と流通』、『新訂考古学で何がわかるか』、『博物館学で何がわかるか』、『和泉陶邑窯の歴史的研究』、『和泉陶邑窯出土須恵器の型式編年』、『泉北丘陵に広がる須恵器窯—陶邑遺跡群』『須恵器から見た被葬者像の研究』などの考古学関係書のほか、2005年から「ぶらりあるき博物館」シリーズを執筆、刊行中。既刊は、パリ、ウィーン、ロンドン、ミュンヘン、オランダ、マレーシア、バンコク、香港・マカオ、シンガポール、台北の10冊（いずれも芙蓉書房出版刊）。

池田 榮史（いけだ　よしふみ）
1955年熊本県天草生まれ。1979年國學院大學文学部史学科卒業、1981年同大学院文学研究科博士課程前期修了。國學院大學文学部考古学研究室助手、琉球大学法文学部助手、助教授を経て、1996年より現在まで琉球大学法文学部教授。文学修士。この間、韓国啓明大学校外国語大学客員教授、国立歴史民俗博物館客員教授、大阪大谷大学、九州大学、鹿児島大学、沖縄国際大学非常勤講師。専攻は考古学（水中考古学、戦跡考古学を含む）、博物館学。編著書に『須恵器集成図録』（第５巻）、『古代・中世の境界領域—キカイガシマの世界』、『中世東アジアの周縁世界』、『沖縄陸軍病院南風原壕』など。2011～15年度科学研究費補助金基盤研究（Ｓ）による長崎県松浦市鷹島海底遺跡での元軍沈没船の調査を継続中。

ぶらりあるき沖縄《おきなわ》・奄美《あまみ》の博物館

2014年6月10日　第１刷発行

著　者
中村《なかむら》　浩《ひろし》・池田《いけだ》榮史《よしふみ》

発行所
㈱芙蓉書房出版
（代表 平澤公裕）
〒113-0033東京都文京区本郷3-3-13
TEL 03-3813-4466　FAX 03-3813-4615
http://www.fuyoshobo.co.jp

印刷・製本／モリモト印刷

ISBN978-4-8295-0622-2

【芙蓉書房出版の本】

ぶらりあるき 台北の博物館
中村　浩　Ａ５判　本体 1,900円

国立台湾博物館、国立故宮博物院、国父史蹟館など125館。

ぶらりあるき シンガポールの博物館
中村　浩　Ａ５判　本体 1,900円

アジア文明博物館、プラナカン博物館、ラッフルズ・ホテル博物館など63館。

ぶらりあるき 香港・マカオの博物館
中村　浩　Ａ５判　本体 1,900円

香港歴史博物館、九龍塞城公園展示館（展覧館）、香港文化博物館など60館。

ぶらりあるき バンコクの博物館
中村　浩　Ａ５判　本体 1,900円

王室御座船博物館、ラーマ七世博物館、エラワン博物館、泰緬鉄道博物館など32館。

ぶらりあるき マレーシアの博物館
中村　浩　Ａ５判　本体 1,900円

銀行貨幣博物館、文化工芸博物館、マレー・イスラム国際博物館など75館。

ぶらりあるき 天空のネパール
ウイリアムス春美　四六判　本体 1,800円

ぶらりあるき 幸福のブータン
ウイリアムス春美　四六判　本体 1,700円

ぶらりあるき チベット紀行
ウイリアムス春美　四六判　本体 1,600円

ラサ憧憬　青木文教とチベット
高本康子　A5判　本体 3,200円